Liebe Leserinnen, liebe Leser!

*Also, nicht in Amerika, sondern in Franken ist alles größer – sei es das Maß Bier oder die Portion beim Essen. So sieht es Fotograf **Georg Knoll**.*

Diesen DuMont Bildatlas haben wir von vornherein vier Seiten länger konzipiert als die meisten anderen Bildatlanten – so zahlreich sind die Sehenswürdigkeiten in Franken und die Erlebnisse, die hier geboten werden. Jochen Müssig, der Autor des Bandes, schwärmt vom Flair der Städte Nürnberg, Bamberg und Bayreuth – und natürlich ganz besonders von dem seiner Geburtsstadt Würzburg.

Viel Kultur und noch mehr Natur

Aber auch abseits der großen Städte hat Franken viel zu bieten. Allem voran ist Rothenburg ob der Tauber zu nennen, die Stadt, die im Ausland wie keine andere für Deutschland steht. Bei den 2016 von der Deutschen Zentrale für Tourismus ermittelten Top Ten der beliebtesten deutschen Sehenswürdigkeiten nimmt Rothenburg Platz 5 ein (nach Miniaturwunderland Hamburg, Heidelberg, Europapark und Schloss Neuschwanstein).

Rhön, Fichtelgebirge, Spessart, Steigerwald und vor allem die Fränkische Schweiz sind dagegen ganz vorn, wenn es um das Thema Wandern und andere Outdooraktivitäten geht. Die schönsten Unternehmungen sind in unserer Rubrik „DuMont Aktiv" zusammengefasst, vielleicht folgen Sie ja einmal dem Rhön-Radweg, hier haben Sie die einmalige Chance, auf fast ebener Strecke durch die Berge zu radeln (s. S. 51).

Genussregion par excellence

Auch die kulinarischen Genüsse kommen im Ferienland Franken keinesfalls zu kurz. Während der Osten (Bierfranken) die größte Brauereidichte Deutschlands aufweist, ist der Westen für seine Weinkultur (Weinfranken) berühmt. Mittlerweile kommen nicht nur großartige Weißweine aus Franken, auch die Rotweine haben internationales Renommee erringen können. Wo man die guten Tropfen am besten trinkt? Für Jochen Müssig keine Frage: Auf den zahlreichen Weinfesten der Region, denn die sind schließlich wie die Franken selbst, direkt und herzlich. In diesem Sinne viel Freude in der Genussregion Franken!
Herzlich

*Buchautor und Journalist **Jochen Müssig** wurde in Würzburg geboren, hat in Nürnberg Abitur gemacht und liebt sein Frankenland immer noch heiß und innig, auch wenn er längst in München und am Gardasee lebt.*

Ihre

Birgit Borowski
Programmleiterin DuMont Bildatlas

DuMont
Aktiv

Maßstab 1:1.700.000

40 km

Topziele

Die bedeutendsten Sehenswürdigkeiten und Erlebnisse, die keinesfalls versäumt werden sollten, haben wir auf dieser Seite zusammengestellt. Auf den Infoseiten sind sie jeweils als TOPZIEL *gekennzeichnet.*

NATUR

1 Die Mainschleife bei Volkach: ... ein Schaustück der Natur, das sich bei einem Fläschchen UnterfrankenRiesling wunderbar genießen lässt. **Seite 36**

2 Tüchersfeld ist Fränkische Schweiz: Felsen und Fachwerkhäuser sieht man überall in der Fränkischen Schweiz, doch in Tüchersfeld besonders schön. **Seite 91**

KULTUR

3 Würzburger Residenz: Als eines der bedeutendsten Barockschlösser Welterbe mit einem phantastischen Deckenfresko von Tiepolo. **Seite 35**

4 Miltenberger Marktplatz: Filmmotiv fürs „Wirtshaus im Spessart" – und beinahe denkt man, die haben die Kulisse halt nicht abgebaut ... **Seite 49**

5 Kunstwerk Amorbach: Hauptattraktion ist die prachtvoll umgestaltete Benediktiner-Abtei mit ihrer Rokoko-Abteikirche. **Seite 50**

6 Nürnbergs Kaiserburg: Der Sitz der Macht im Mittelalter blieb sehr gut erhalten – und ist Heimat einer der schönsten Jugendherbergen. **Seite 63**

7 Plönlein in Rothenburg: Der vielleicht malerischste Platz im malerischsten Städtchen. **Seite 75**

8 Ansbachs Residenz: Die Markgräfliche Residenz zeigt sich als Musterbeispiel für den Repräsentationswillen barocker Fürsten. **Seite 76**

9 Dinkelsbühler Turmparade: Das reine Mittelalter – fünf Türme und die bestens erhaltene Stadtmauer. **Seite 76**

10 Welterbe in Bamberg: Das Rathaus auf der Regnitz-Insel ist ein Motiv, das für Deutschland steht. **Seite 103**

11 Coburg und Kulmbach: Kulmbachs Plassenburg gehört mit Veste Coburg zu den besterhaltenen. **Seite 105 und 117**

ERLEBEN

12 Nürnberger Christkindlesmarkt: Kein Weihnachtsmarkt ist schöner, gemütlicher, authentischer. **Seite 64**

Weinselig am Main

Den Wein dort trinken, wo er wächst: Das ist manchmal mehr wert als ein Prädikatssiegel auf dem Etikett. Wie in Randersacker (Foto), einem der schönsten Weindörfer am Main, wo die Weinberge steil zum Fluss abfallen und es fast so viele Kellereien gibt wie Wohnhäuser. Das Symbol für den Frankenwein ist der Bocksbeutel mit seiner markant bauchigen Flaschenform. Die Vielfalt der fränkischen Weine lässt sich in einer urigen Winzergaststube oder auch in modern gestylten Vinotheken entdecken. Und am besten ist es, vor Ort bei einem Gläschen mit den Winzern ins Gespräch zu kommen.

Der Geschichte über die Schulter schauen

Von der Zeit der Römer über die Blüte der fränkischen Reichsstädte bis zur Industrialisierung und der Eingliederung der fränkischen Gebiete ins Königreich Bayern: 2000 Jahre Geschichte sind für Franken-Besucher unübersehbar – dank der Schlösser und Burgen, Residenzen und Klöster, Kirchen und historischen Stadtkerne. Reisen in Franken sind auch meistens Reisen in die Vergangenheit. Ganz kompakt geht das im Fränkischen Freilandmuseum Windsheim (Foto), wo jedermann bei einem Rundgang durch mehr als hundert Gebäude eine Zeitreise durch fränkische Alltagsgeschichte machen kann.

Ein Bild von Franken

....

Alte Mainbrücke, Festung und das Käppele im
Hintergrund – so sieht die Schokoladenseite von
Würzburg aus. Die nach Nürnberg zweitgrößte
Stadt Frankens steht für Main-, Wein- und Unterfranken, wie der Regierungsbezirk offiziell heißt.
Drei Bezeichnungen, die synonym benutzt
werden. Gesprochen wird allerorts „frängisch",
wobei die Franken selbst sofort heraushören, aus
welcher Ecke ihr Landsmann kommt, während
für den Fremden alles zum Verwechseln ähnlich
klingt.

Spass bis zum Abwinken

Das geht nicht nur auf dem Oktoberfest in München! Frankens große Volksfeste bringen es auch auf ein Millionenpublikum, wie das Nürnberger Volksfest, die Erlanger Bergkirchweih und das Kiliani-Volksfest in Würzburg (Foto), wo das Bier in Strömen fließt. Franken ist schließlich auch ein Bierland, besonders Oberfranken mit der größten Brauereidichte weltweit.

Die Kunst bleibt im Rahmen

Nürnberg ist nicht Athen, und Franken ist nicht Attika, aber dennoch muss sich weder die Museums- noch die Kulturlandschaft entlang von Main und Regnitz verstecken. Zu vier Welterbestätten gesellen sich unzählige Museen. Auf Frankens Besucher wartet also manche Überraschung – nicht nur im Germanischen Nationalmuseum in Nürnberg (Foto).

Man spricht deutsch

Die Häuser schief und das Fachwerk romantisch – zuweilen wird Franken von den Touristen beinahe zu Tode geliebt. In Rothenburg (Foto) können sie ein Lied davon singen. Abgesehen von Rothenburg, Nürnberg, Würzburg und Bamberg ist Franken ein Reiseziel für deutsche Gäste geblieben. Die Preise sind günstig, die Qualität gut und Abzocke noch selten.

Unterfränkische Weingüter

Diese Lage, dieser Wein!

Irgendwann, vor zehn bis 15 Jahren, hat es angefangen: Junge unterfränkische Winzer übernahmen vielfach das Ruder im Familienbetrieb und entdeckten die herben, gebietstypischen Sorten neu, um sie mit hohem Niveau auf den Markt und in die Gaststuben zu bringen: Silvaner, Riesling, Müller-Thurgau – und auch Spätburgunder.

6

③ Randersacker und die Kinder

Kommt man nach Randersacker, scheint jedes zweite Haus mit Wein zu tun zu haben, sei es ein Winzerhof, eine Gaststätte, bei der Trauben den Namen umranken oder eine Weinhandlung. Randersacker ist bekannt für seine Lagen Sonnenstuhl, Ewig Leben und Pfülben, an denen auch Schmitt's Kinder lesen. Neun Generationen verbergen sich hinter dem Namen, der für substanzreiche Spitzenweine steht, wie etwa den Silvaner Randersacker Sonnenstuhl von Schmitt's Kinder.

Weingut Schmitt's Kinder
Am Sonnenstuhl 45
97236 Randersacker
Tel. 0931 7 05 91 97
www.schmitts-kinder.de

④ Iphofen und Julius Echter

Silvaner, Riesling, aber auch die seltene Scheurebe sind nunmehr in der 14. Generation die bevorzugten Reben im Familiengut Wirsching in Iphofen. Die Gemeinde ist für ihr mittelalterliches und barockes Altstadtensemble bekannt, aber genauso für seinen Julius-Echter-Berg, eine berühmte Steillage. Zum Probieren: Iphöfer Julius- Echter-Berg Erste Lage Riesling von Wirsching, vielleicht im Restaurant Zur Iphöfer Kammer, das zum Weingut gehört.

Weingut Wirsching
Ludwigstraße 16
97346 Iphofen
Tel. 09323 8 73 30
www.wirsching.de

② Volkach und der Lump

Wer „Volkach" unter Weinkennern sagt, hört Escherndorfer Lump und Volkacher Ratsherr, zwei Lagen, die für die fränkischen Klassiker stehen: Silvaner, Riesling und Müller-Thurgau. Winzer Horst Sauer sagt: „Der Lump ist ein echter Sonnenfänger und wahrscheinlich der beste Weinberg Frankens". Auszuprobieren z. B. mit dem Riesling Escherndorf Am Lumpen GG von Sauer.

Weingut Sauer
Bocksbeutelstraße 14
97332 Volkach-Escherndorf
Tel. 09381 43 64, http://
weingut-horst-sauer.de

① Nordheim und die Königin

„Wenn ich groß bin werde ich Weinprinzessin, dann Weinkönigin und dann Mutter", sagte Christina Schneider und ihre Bitte an das Publikum, den mittleren Teil des Traums eines kleinen Mädchens wahr werden zu lassen, konnte die Jury ebenso überzeugen wie ihre Fachkenntnisse. Damit ging schon zum fünften Mal die Krone der Fränkischen Weinkönigin nach Nordheim. Christina Schneider vom Weingut Am Vögelein reichte zu ihrer Wahl übrigens – ganz untypisch für Franken – einen Chardonnay. Zum selbst probieren: Chardonnay Kabinett vom Nordheimer Vögelein und Weingut Am Vögelein.

Weingut Am Vögelein
Raiffeisenstraße 34
97334 Nordheim
Tel. 09381 30 00, www.weingut-am-voegelein.de

2

6

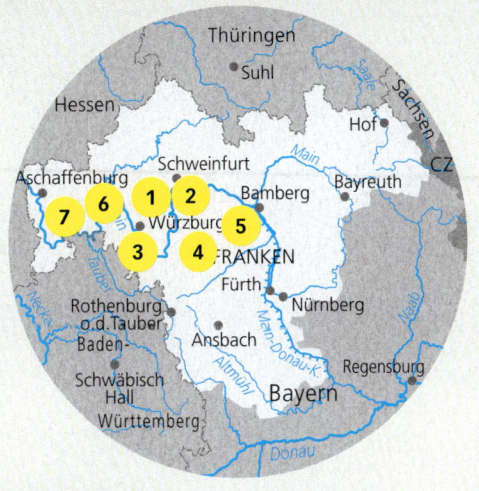

7

5 Rödelsee und der Küchenmeister

An den Ausläufern des Steigerwalds, am Fuße des Schwanberges, liegt Rödelsee, ein gemütlicher, fränkischer Winzerort. Und wie ein Schwan mit ausgestreckten Flügeln erstreckt sich weitläufig der bekannteste Weinberg Rödelsees: Der Küchenmeister, der schon 1360 erstmals urkundlich erwähnt wurde. Zum Anschauen im Ort: der jüdische Friedhof mit 2500 Grabsteinen. Zum Probieren: der Rödelseer Küchenmeister Riesling Prädikats-Eiswein, eine süße Verführung ...

Weingut Melber
Dorfgraben 1
97348 Rödelsee
Tel. 09323 34 96
www.weingut-melber.de

6 Handarbeit in Kreuzwertheim

Stolz thront sie über Kreuzwertheim und zeugt von langer Geschichte: Die ursprüngliche staufische Burganlage aus dem 12. Jahrhundert gehört heute zu den größten und schönsten Burgruinen Deutschlands. Aber nicht nur die Wertheimer Burg lohnt die Reise an die Romantische Straße am Rand des Spessarts. Auch der Satzenberg und der Kaffelstein sind zumindest bei Weinkennern ein Begriff. Beide Steillagen werden noch immer komplett von Hand bewirtschaftet und beide bringen klasse Weine hervor, etwa den Satzenberg Weissburgunder Zazo vom Weingut Alte Grafschaft.

Weingut Alte Grafschaft
Rathausgasse 5
97892 Kreuzwertheim
Tel. 09342 55 00
www.altegrafschaft.de

7 Burgund in Bürgstadt

Spessart, Main und Fachwerk dominieren den kleinen Markt Bürgstadt mit seinen 4200 Einwohnern. Gleiches gilt aber auch für die Reben, Weingüter und Heckenwirtschaften: Bürgstadt ist ein Zentrum des Rotweinanbaus. Die beste Lage ist der Centgrafenberg, eine reine Südlage, aus der hervorragende Spätburgunder hervorgehen, die durchaus mit den französischen Konkurrenten mithalten können. Im Weingut Fürst, gegründet 1638, werden fast alle Arbeiten noch von Hand durchgeführt. Ein lohnenswerter Tropfen ist der Bürgstadter Centgrafenberg Spätburgunder R von Fürst.

Weingut Fürst
Hohenlindenweg 46
63927 Bürgstadt
Tel. 09371 86 42, www.weingut-rudolf-fuerst.de

Main ist dein ganzes Herz

Würzburg prunkt nicht nur mit Residenz, Dom und dem ganzen Glanz und Gloria vergangener Tage, sondern hat sich von einer konservativ-katholischen großen Kleinstadt zu einer liebenswerten kleinen Großstadt gemausert, mit lebendiger Atmosphäre und süffigen Schoppen. Bei denen wunderbar erzählt wird: über Japaner und Kirchtürme, Stalingrad und Biebelried, die Physik und Basketball.

Die Alte Mainbrücke Würzburgs ist weit mehr als ein Verkehrsweg

Napoleon Bonaparte nannte Würzburg „das größte Pfarrhaus Deutschlands" – auch seiner vielen Kirchtürme wegen.
Am Alten Kranen am Mainkai legen nur noch Ausflugsschiffe an und ab

Über die schwimmende „Fischbar zum Krebs" geht der Blick auf die Alte Mainbrücke,
die Festung und, dahinter, das Käppele

Auch der hl. Kilian gehört zu den Würzburger
Brückenheiligen

Von der Alten Mainbrücke führt der Weg schnurgerade
zum wiederaufgebauten Dom

„Das alte Würzburg war
eine kleine Großstadt –
das neue ist eine große
Kleinstadt."

Heiner Reitberger, Würzburger Journalist
und Maler

D a steht der Japaner nun mit seinem Sonnenhütchen und der unvermeidlichen Selfie-Stange. Er wirkt ein wenig ratlos. Die Festung Marienberg im Rücken, sucht sein Blick rastlos das unten liegende Würzburg ab. Auf die Frage, ob man helfen könne, antwortet er kurz: „Where is the Weltkultur?" Ihm kann geholfen werden an diesem zweifelsohne besten Aussichtspunkt der Stadt. Der aber eines nicht bietet: den Blick auf die Weltkultur ...

Die Rede ist von der Fürstbischöflichen Residenz zu Würzburg, die zu den bedeutendsten Schlossanlagen des Barocks in Europa zählt und die schon 1982 zur damals erst dritten deutschen Welterbestätte ernannt wurde – nach dem Aachener und Speyerer Dom. Der bei Baubeginn im Jahr 1720 noch junge und unbekannte Balthasar Neumann war ihr Architekt. Und der Venezianer Giovanni Battista Tiepolo schuf das unglaubliche Deckenfresko, eines der größten einteiligen Fresken, die je entstanden sind. Es gilt als sein Hauptwerk. Aber das interessiert Hiroto aus Otsu, wie er sich vorgestellt hat, gerade nicht besonders. Er will ja nur ein Selfie von sich, der Stadt und der „Lesidenz" im Hintergrund.

Würzburg, sagen Spötter, habe mehr Kirchtürme als Häuser. Und das Schicksal will es, dass zwei der 39 Kirchtürme die Residenz großenteils verdecken, wenn man von der Festung, dem Wahrzeichen der Stadt, darauf schaut. Hiroto bekommt also noch einen Tipp: Sein Wunschbild könne er vom Südgarten mit dem von akkurat geschnittenen Eiben umstellten Wasserbassin wunderbar fotografieren. Andererseits ist auch der Blick vom Käppele prachtvoll, etwa auf gleicher Höhe wie die Festung, nur südlicher und deshalb mit Weltkultur. Doch das Käppele – offiziell Mariä Heimsuchung, ebenfalls von Balthasar Neumann – ist nur etwas für Wallfahrer, Ur-Würzburger und „Schützenhof"-Gänger, da dieser Landgasthof von 1862 ebenfalls am Nikolausberg beheimatet ist. Trotz der besten Beerenweine weit und breit, verirrt sich dorthin nur selten ein Hiroto oder andere Touristen.

Italien? Nur über Würzburg!

Für Fremde ist Würzburg ein niedliches Städtchen, heute wie schon vor 25 Jahren. In den Weinstuben aber ärgern sich die alten Würzburger, dass sich alles verändert habe. In den Studentenkneipen lästern die Jungen dagegen: Nichts tue sich hier, in der unterfränkischen Provinz ... Recht haben beide Seiten: Die allen Italien-Urlaubern, die nördlich des Mains leben, bekannte Autobahnraststätte gibt es immer noch.

Würzburgs Stolz ist die ehemalige Fürstbischöfliche Residenz, an deren Errichtung und Ausgestaltung eine Vielzahl namhafter Künstler mitgewirkt hat – hier der Blick aus dem Hofgarten. Für den Bau war die seinerzeit astronomische Summe von 500 000 Gulden investiert worden

Den rund 370 000 Besuchern pro Jahr sind 40 prunkvolle Räume der Würzburger Residenz zugänglich

Der venezianische Barockmaler Tiepolo freskierte auch den Kaisersaal der Würzburger Residenz, einmal im Jahr Kulisse für das renommierte Mozartfest

Sie thront wie die Festung über der Stadt (nur etwas versetzt), ist rund um die Uhr geöffnet und war früher ab Mitternacht der Treffpunkt der Jugend und Halbwelt, weil sonst nichts mehr offen hatte. Heute kann man in Würzburg auch noch nach zwölf ausgehen – ohne zur Raststätte fahren zu müssen. Würzburgs berühmtester Kabarettist Frank-Markus Barwasser, bekannt als Erwin Pelzig, provozierte einmal in einem seiner Programme: „Unsere Väter hatten Stalingrad, wir hatten das Biebelrieder Dreieck." An der B 8, in Richtung Biebelrieder Dreieck, eröffnete schließlich schon 1983 eine der ersten Großraumdiskotheken in Deutschland, das „Airport". Und im

Mainfrankenpark, direkt am Biebelrieder Dreieck, warten der „Capitol Music Palace", eine der größten Diskotheken Deutschlands, und „Cineworld" mit acht Kinosälen und modernster Technik auf junge Kundschaft. Davon weiß natürlich kein Tourist. Der nippt zufrieden an seinem Schoppen, in dem ein Würzburger Stein kredenzt wird, blickt von der Terrasse der Steinburg auf die Reben eben dieses Würzburger Steins, die Stadt mit den vielen Kirchtürmen und auf die Festung. Einzig das Heizkraftwerk ist ihm vielleicht ein Schandfleck – die Würzburger aber haben sich längst an das Ungetüm am Main gewöhnt. Ansonsten sind die Besucher aus aller Welt recht

glücklich in und mit dieser Stadt. Was einfach zu erklären ist. Die lebendige Frankenwein-Metropole liegt inmitten von Weinbergen, ist voll von Weinstuben, was die Kultur-Visite mit Residenz, Festung, Dom oder Alter Mainbrücke tagsüber bis in den Abend hinein verlängert. Denn in Würzburg gilt Wein als Kultur. Und es gibt auch jede Menge Kulturgeschichten dazu: etwa die vom bereits erwähnten Würzburger Stein, einem Riesling, der Goethes Lieblingstropfen war ...

B wie Paul und D wie Tür

Dass die Innenstadt und Fußgängerzone inzwischen aussieht wie in allen ande-

Veitshöchheim ist eines der besonders reizvollen Würzburger Ausflugsziele.
Das kleine Schloss umgibt seit drei Jahrhunderten ein prachtvoller Garten

Marktbreits Altstadt endet am über 400 Jahre alten Maintor. Der Handel auf dem Main brachte
Wohlstand in die Stadt, die noch im 19. Jh. Bayerns bedeutendster Kaffeehandelsplatz war

Unterfränkische Weinlese, im Hintergrund Randersacker und der Main (oben). Fränkische Küche wird im Würzburger „Schützenhof" serviert (unten links). Beim Kiliani-Volksfest (unten rechts) fehlt es nicht an Lebensfreude

ren deutschen großen Kleinstädten und kleinen Großstädten, mit diesen „H&M", „Rossmann" und „Douglas", dafür kann Würzburg ja nicht wirklich etwas. Aber immerhin klingen manche der austauschbaren Ketten in Würzburg goldiger – ähm, goldicher nadürlich: „Dagläs" ist doch besser als „Douglas", oder? Und bei „Dagläs" muss man dem Fremden nicht mal klar machen, dass das ein normales unterfränkisches D ist und nicht ein D wie Dür (für Nicht-Franken: wie Türe).

Trotzdem findet man noch das eine oder andere Einzelhandelsgeschäft mit dieser schlichten, direkten, aber herzlichen Atmosphäre wie in jener Metzge-

rei, in dem ein Werbespot gedreht wurde – und zwar mit dem inzwischen wohl berühmtesten Sohn der Stadt. Er, ein Riese von 2,13 Metern Größe, betritt das Geschäft. Und wie in seiner Würzburger Kindheit bekommt Basketball-Star Dirk Nowitzki eine extra Scheibe Wurst zum Sofortverzehr. „Damit du groß und stark wirst!", sagt die Metzgersfrau und alle lachen – wie früher.

Berühmte Söhne

In Sachen berühmteste Söhne der Stadt sei an dieser Stelle noch angemerkt: Wilhelm Conrad Röntgen entdeckte zwar 1895 im Physikalischen Institut der Universität Würzburg die nach ihm

benannten Röntgenstrahlen und bekam dafür 1901 als Erster den Nobelpreis für Physik, aber er ist kein gebürtiger Würzburger. Luitpold von Bayern, 1821 in der Residenz geboren und Prinzregent von 1886 bis 1912, war sicher mächtiger. Auch Werner Heisenberg hatte als Physiker seine Meriten, darunter den Nobelpreis für Physik 1932, ebenso wie Joseph Neckermann, der Versandhändler und Dressurreiter mit zwei olympischen Goldmedaillen. Beide waren auch echte Kinder der Stadt. Aber weltweit am bekanntesten ist derzeit sicherlich der NBA-Basketballer, der dank Würzburger Wurst und Fürsorge groß und stark wurde. Main ist doch sein ganzes Herz …

WEINLAND FRANKEN

Main Silvaner rockt

Franken ist bekannt für seine Weißweine, besonders für Silvaner und vorzügliche Rieslinge. Inzwischen mangelt es nicht einmal an internationaler Anerkennung. Doch die Roten haben ebenfalls einen Riesensprung nach vorne gemacht, vor allem am Mainviereck. Die Klimaerwärmung hat dazu ihren Beitrag geleistet …

Die Runde war international, der Ort weit weg auf dem fünften Kontinent. Und der australische Gastgeber schlug einen Riesling vor. Kaum war das Wort Riesling ausgesprochen, fielen alle Blicke auf den Deutschen in der Runde. Mitleidige Blicke, die sagen wollten: „Du Armer, mehr als einen Riesling aus Franken haben deutsche Weinkeller ja eh nicht zu bieten …“. In solchen Momenten fühlt man sich nicht besonders gut. Das ist nun einige Jahre her.

Seitdem ist die nationale, aber auch die internationale Anerkennung, die Frankens Winzern und ihren Weinen entgegengebracht wird, spürbar gestiegen. Das Qualitätsstreben in den Weinbergen und Kellern zeigt Erfolge. Sogenannte Mystery Checks, Inkognito-Prüfungen in Gütern, die der Vereinigung „Franken – Wein.Schöner.Land“ angehören, decken Mängel auf oder bestätigen den eingeschlagenen Weg. Die Lagen Julius-Echter-Berg in Iphofen, Escherndorfer Lump in Volkach, Ewig Leben in Randersacker oder Würzburger Stein sind bundesweit ein Begriff. Und so mancher Tropfen ist inzwischen sogar in der Weltspitze angelangt.

Nicht mehr nur Silvaner

Frankens Steilhänge und der Silvaner gehören zusammen wie der Riesling und der Bocksbeutel, jene unverwechselbare, rund 300 Jahre alte Flaschenform. Aber in den unterfränkischen Weindörfern und den Würzburger Kellereien wie Juliusspital und Bürgerspital trifft man mittlerweile auch auf genauso niveauvolle Müller-Thurgau (zusammen mit Silvaner auf 50 Prozent der gesamten Anbaufläche), Bacchus, Kerner, Weißburgunder oder Scheurebe. Wobei angemerkt sein muss: Die Reben gab es schon immer, nur nicht das hohe Niveau. Auf dem Unterarm des Volkacher Top-Winzers Christian Müller ist für die Ewigkeit tätowiert: Main Silvaner rockt. Sein Lieblings-Silvaner, den er Eigenart nennt, wächst am Hang Escherndorfer Lump und wird von Hand gelesen. Müller sagt: „Die Leute wollen mehr als den reinen Wein. Sie wollen etwas über das Terroir wissen und den Winzer, der hinter dem Wein steht, kennenlernen.“

Während in den bekannten Weinanbaugebieten am Maindreieck, also um Würzburg, Volkach und Iphofen, an den Steilhängen zum Main vertikal und hauptsächlich Weiß angebaut wird, arbeiten die Winzer im Mainviereck häufig auf Terrassen und somit parallel zum Berg. Was nicht jeder weiß: Dort wachsen zu zwei Dritteln Rotweine. Und wer sagt, dass man deutsche Rotweine sowieso vergessen könne, dem sei unbedingt ein

Im Weinkeller des Würzburger Juliusspitals (oben). Sebastian Fürst mit seinem Spätburgunder (S. 30)

Garten des Würzburger Juliusspitals

Wein ist in Franken weit mehr als ein Getränk. Wein ist hier schon Lebensart.

Weinaccessoire im Mainfränkischen Museum in Würzburg (o.). Typisch für Franken ist die Bocksbeutelflasche (u.)

Ausflug ins Mainviereck empfohlen, wo hervorragende Spätburgunder gedeihen, die mit so manchem Konkurrenten aus Frankreich auf Augenhöhe stehen. „Burgund liegt in Bürgstadt", schrieb die „Welt am Sonntag". Während Wein-Papst Hugh Johnson immerhin attestierte: „Die Spätburgunder gelten zu Recht als die feinsten

in Deutschland." Paul Fürst, Chef des 1638 gegründeten Weinguts Fürst in Bürgstadt, ist mit seinem Sohn Sebastian einer der Stars in Weinfranken. „Früher hatten hier alle einen Weinberg: der Schuster, der Lehrer, alle. Heute kann man Spitzenqualität nur noch mit Handwerk, Erfahrung, Passion und Terroir erzielen." Die Toplage Schlossberg in Klingenberg teilt er sich mit dem aufstrebenden, erst 30-jährigen Weinmacher Benedikt Baltes: „Ein Spätburgunder ist fein und elegant. Er ist nicht schwer und muss nicht dunkel sein. Aber durch die Klimaerwärmung sind wir nun in der Lage, klasse Spätburgunder zu erzeugen." Im Mainviereck wurden 1,6 Grad mehr im Jahresmittel nachgewiesen.

Baltes ist einer der wenigen in Franken, der seine Weine noch verkorkt. Allein dafür müsste ihm eine Auszeichnung verliehen werden, denn ein Schraubverschluss nimmt dem Weingenuss das besondere Etwas. Das unnachahmliche Plopp beim Öffnen der Flasche mit einem Korkenzieher gehört zu einem Ritual, das man mit rein praktischen Gründen nicht einfach vom Tisch wischen sollte. An der Toplage Schlossberg wird auch noch per Hand gelesen. Trotzdem produziert das Weingut knapp 60000 Flaschen pro Jahr, zwei Prozent davon sind große Gewächse mit Preisen über 50 Euro pro Flasche, gereift natürlich in Spessart-Eiche.

Am besten auf ein Weinfest

Nirgends kann man Wein besser probieren, studieren und genießen als auf Weinfesten. Und davon gibt es in Deutschlands sechstgrößtem Weinanbaugebiet jede Menge. Etwa die „Weinparade", bei der ausschließlich Tropfen Würzburger Weingüter aller Qualitätsstufen ausgeschenkt werden: 100 Weine, begleitet von einem passenden Speisenangebot auf dem Würzburger Marktplatz. Natürlich gilt hier wie überall im Land: Weinfeste sind wie Franken selbst – direkt und herzlich.

Weinfeste (Auswahl)

....

Mai, **Wiesenbronn**, „Weinkost am Seegarten" (www.wiesenbronn.de). Juni, **Hammelburg**, auf dem Marktplatz der ältesten Weinstadt Frankens, „Wein- und Gaumenfreuden" (www.hammelburg.de). Juli, **Sommerach**, „Weinfest der Winzer" (www.sommeracher-weinfest.de). Juli, **Castell**, „Weinfest" im Schlosspark (www.castell.de). Juli, **Ippesheim**, „Weinfest" unterhalb von Schloss Lichtenstein (www.weinbauverein-ippesheim.de). Juli, **Mainstockheim**, „Wein am Main" auch auf der Mainfähre (www.mainstockheim.de). August, **Würzburg**, „Weinparade" (www.weinparade.de). September, **Nordheim**, „Kulinarisches Weinfest".
Eine **Broschüre** zu allen Weinfesten unter

www.haus-des-frankenweins.de

Durch Volkachs
Weinberge fürt ein
alter Pilgerweg hinauf
zur spätgotischen
Wallfahrtskirche „Maria
im Weingarten" mit
Riemenschneiders
berühmter „Maria im
Rosenkranz"

Wein schöner Land

Würzburg ist ein wichtiger Bahnknotenpunkt – bahntechnisch im Herzen Deutschlands und zentraler Verkehrsknotenpunkt zwischen Nord und Süd sowie Ost und West. Ansonsten kommen Würzburg und seine unterfränkische Umgebung nur selten in die Schlagzeilen. Was nicht heißen muss, dass es dort langweilig ist!

❶ Würzburg

Unterfrankens Hauptstadt (130 000 Einw.) feierte 2004 1300-jähriges Stadtjubiläum. Würzburg ist Bischofssitz (seit 741/742), war bis 1802 Zentrum des weltlichen Fürstbistums bzw. Hochstifts und beheimatet neben weiteren Hochschulen seit 1582 die älteste bayerische Universität – ihr letzter Nobel-Preisträger war 2008 Harald zur Hausen (Medizin). Im März 1945 wurde die Stadt bei einem alliierten Bombenangriff fast vollständig zerstört.

SEHENSWERT

Die **Residenz** TOPZIEL (der Fürstbischöfe) wurde von 1720 bis 1744 nach Plänen von Balthasar Neumann gebaut. Das Schloss ist weltberühmt, auch wegen des von Tiepolo geschaffenen Deckenfreskos (1753) über dem Treppenaufgang; das Gemälde ist mit 18x30 m eines der größten einteiligen Fresken, die je entstanden sind. Tiepolo freskierte auch den Kaisersaal (April–Okt. tgl. 9.00–18.00, sonst tgl. 10.00–16.30 Uhr). Ein Spaziergang durch den Hofgarten lohnt ebenso wie der weitläufige Residenzplatz mit dem Frankonia-Brunnen (1894). Die Hofkirche stellt einen Höhepunkt sakraler Kunst in Würzburg dar.

Der **St.-Kilians-Dom** ist die viertgrößte romanische Kirche Deutschlands – um 1040 begonnen, vollendet 1237. 1945 brannte der Dom völlig aus (1967 Wiederaufbau in alter Form).

Stift Haug (1670–1691) an der Haugerpfarrgasse wird von vielen Besuchern irrtümlich für den Dom gehalten, denn der Doppelturm mit der mächtigen Kuppel prägt die Silhouette der Stadt. Im Inneren ist eine Kreuzigungsszene von Tintoretto zu sehen. Im **Lusamgärtlein** der **Neumünster-Basilika** (11. Jh.) am Marktplatz wurde Walther von der Vogelweide († 1230) begraben, der seinen Alterswohnsitz in Würzburg hatte, erhalten von Kaiser Friedrich II. In der spätgotischen **Marienkapelle** am Markt, 1377 bis 1480 erbaut, finden sich zahlreiche Grabmäler fränkischer Ritter und Würzburger Bürger.

Die **Alte Universität** (Neubaustraße), 1582 gegründet, ist ein weitläufiger Renaissance-Komplex mit der Neubaukirche, die heute als Aula dient. 27 000 Studierende sind eingeschrieben. Das **Bürgerspital** (Theaterstraße, www.buergerspital.de) war urspr. ein Haus zur Versorgung von Armen und Kranken; architek-

Das berühmte, stützenfrei überwölbte Treppenhaus der Würzburger Residenz

tonisch am eindrucksvollsten ist der Rote Bau von 1718. Das Weingut gehört zu den bedeutendsten Weingütern in Deutschland. Auch das weitläufige **Juliusspital** (Urspr. 16. Jh.; Juliuspromenade, www.juliusspital.de) war Altenheim, Krankenhaus, Waisenhaus, Schule und Pilgerherberge; im Erdgeschoss zeigt eine der schönsten Rokoko-Apotheken Deutschlands ihre Originaleinrichtung. Das Juliusspital ist eines der drei größten Weingüter Würzburgs.

Auch der **Grafeneckart**, der Rathausturm (14. Jh.) an der Ostseite der Alten Mainbrücke, gehört zur eindrucksvollen Stadtsilhouette. Die monumentalen Fresken an den Saalwänden zeigen wichtige Personen und Ereignisse aus der Geschichte Würzburgs.

Der **Alte Kranen** am Main-Ufer steht zwar im Schatten der Burg, gilt aber für die Würzburger als Wahrzeichen der Stadt; er wurde 1773 gebaut, um den Güterumschlag zu vereinfachen.

Die **Alte Mainbrücke** soll bereits um 1120 errichtet worden sein. Im 15. Jh. kam es zum Neubau. Um 1730 kamen die charakteristischen, 4,5 m hohen barocken Heiligenfiguren dazu, darunter der Frankenapostel St. Kilian.

Die **Festung Marienberg** thront oberhalb der Stadt, von Weinbergen umsäumt. Schon um

1000 v. Chr. gab es hier eine keltische Anlage. 1201 wurde die Burg gegründet und von 1253 bis 1719 war sie Residenz der Würzburger Fürstbischöfe. Höhepunkte in der Anlage sind das Brunnenhaus und der Fürstengarten mit bestem Ausblick auf die Stadt.

Das **Käppele**, die Wallfahrtskirche Mariä Heimsuchung und 1750 von Balthasar Neumann erschaffen, schmiegt sich in gleicher Höhe wie die Festung an den Nikolausberg. Wallfahrer und Spaziergänger nutzen bis heute den malerischen Stationsweg vom Main aus.

MUSEEN

Das **Mainfränkische Museum** zeigt eine Sammlung fränkischer Kunstwerke, darunter die weltberühmten Plastiken Adam und Eva von Tilman Riemenschneider und eine Volkskunde-Abteilung (Festung Marienberg, www.mainfraenkisches-museum.de; April–Okt. Di. bis So. 10.00–17.00, sonst Di.–So. bis 16.00 Uhr).

Die **Staatsgalerie** in der Residenz bietet kostbare Beispiele venezianischer Malerei des 16. bis 18. Jh. (www.residenz-wuerzburg.de; April bis Mitte Okt. tgl. 9.00–18.00, sonst tgl. 10.00 bis 16.00 Uhr).

Das **Museum am Dom** zeigt Kunstwerke eines Jahrtausends und stellt dabei neue und alte Kunst gegenüber (Di–So. 10.00–17.00 Uhr, www.museum-am-dom.de). Zeitgenössisches ist im **Museum im Kulturspeicher** zu sehen (Oskar-Laredo-Platz 1, www.kulturspeicher.de; Di. 13.00–18.00, Mi–So. ab 11.00, Do. bis 19.00 Uhr).

AKTIVITÄTEN
Schifffahrt auf dem Main nach Veitshöchheim (Veitshöchheimer Personenschifffahrt, Tel. 0931 5 56 33, www.mainschifffahrt.de; April bis Mitte Okt. tgl. ab Alter Kranen).

HOTELS UND RESTAURANTS
Auf der € € € **Steinburg** lässt sich einer der bekanntesten Frankenweine trinken (Mittlerer Steinbergweg 100, Tel. 0931 9 70 20, www.steinburg.com). Im € € **Walfisch** wohnt man günstiger, modern und familiär (Am Pfleidenturm 5, Tel. 0931 3 52 00, www.hotel-walfisch.com). Im € € € € **Reisers** genießen Gourmets Stadtblick und hauseigene Tropfen (Mittlerer Steinbergweg 5, Tel. 0931 28 69 01, www.der-reiser.de). Im € € **Schützenhof** hat man einen tollen Blick zu fränkischer Küche (Mainleitenweg 48, Tel. 0931 7 24 22, www.schuetzenhof-wuerzburg.de).

UMGEBUNG
Randersacker (5 km südl.) ist ein typisches unterfränkisches Weindorf (schöner Rad-Ausflug am Main entlang ab Würzburg).
Veitshöchheims Prunkstück legten die Würzburger Fürstbischöfe im 18. Jh. an: den Rokokogarten des Sommerschlosses (um 1680), einer der schönsten Deutschlands (tgl. 8.00 Uhr bis Einbruch der Dunkelheit; per Dampfer erreichbar, www.mainschifffahrt.de).

INFORMATION
Tourist-Information, Falkenhaus
Marktplatz 9, 97070 Würzburg
Tel. 0931 37 23 98, www.wuerzburg.de

Tipp

Burgen und Bauernhof

....

Eine sanfthügelige Natur, die bis auf mehr als 500 m ansteigt, Ruhe, aber auch das eine oder andere hübsche Städtchen wie Haßfurt und Königsberg in Bayern, dessen gesamte Altstadt unter Denkmalschutz steht, dazu Burgen, Schlossruinen sowie fränkisch-bodenständige Küche: Das bieten die häufig kaum beachteten Haßberge. Eine verborgene Schönheit, am besten in Verbindung mit Urlaub auf dem Bauernhof.

TOURISMUSVERBAND NATURPARK
Haßberge, Marktplatz 1,
97461 Hofheim, Tel. 09523 5 03 37 10
www.hassberge-tourismus.de

Gemütliche Runde im Klosterkeller zu Kitzingen (o. l), Blick auf Kitzingen (o. r.), an der Mainschleife bei Volkach (u.)

❷ Volkach

Das Weindorf an der Mainschleife (10 000 Einw.) gehört zu den schönsten Flecken in Unterfranken. Die Einheimischen sagen: Bei uns dreht sich der Main im Kreis, weil er sich hier am wohlsten fühlt …

SEHENSWERT
Den **Marktplatz**, die **Patrizerhäuser** und die mitten in den Weinbergen liegende spätgotische **Wallfahrtskirche Unsere Liebe Frau** (15. Jh.) mit Tilman Riemenschneiders berühmter „Madonna im Rosenkranz" sollte man gesehen und in einer der zahlreichen Wirtsstuben einen Schoppen getrunken haben.

HOTEL
Das € € **Hotel Zur Schwane** ist ein hübsches Haus mit angegliedertem Weingut (Hauptstraße 12, Tel. 09381 8 06 60, www.schwane.de).

UMGEBUNG
Auch die Weindörfer **Nordheim, Sommerach** und **Dettelbach** sind einen Ausflug wert; die Nordheimer behaupten, dass es bei ihnen außer den Winzern auch hundert Schnapsbrennereien gäbe. Die **Mainschleife TOPZIEL** bei Volkach ist ein Schaustück der Natur und ein kontemplativer Ort zugleich – vor allem, wenn man einen Unterfranken-Riesling dabei hat.
Werneck (25 km nordw.) ist bekannt für sein dreiflügeliges Schloss (1733–1744) von Balthasar Neumann. Blickfang der Industriestadt **Schweinfurt** (55 000 Einw.; 40 km nördl.) sind das Rathaus von 1572, das Zeughaus mit 1,10 m dicken Mauern und die Kirche St. Kilian in neubarockem fränkischen Stil. Die Kunsthalle Schweinfurt ist Zeitgenössischem gewidmet (Rüfferstraße 4, www.kunsthalle-schweinfurt.de; Di.–So. 10.00–17.00 Uhr); das Museum Georg Schäfer zeigt Werke bedeutender Künstler des deutschsprachigen Raums des 19.Jh.s (www.museumgeorgschaefer.de).

INFORMATION
Tourist-Information
Marktplatz 1, 97332 Volkach
Tel. 09381 4 01 12, www.volkach.de
Tourist-Information
Markt 1, 97421 Schweinfurt
Tel. 09721 51 36 00, www.schweinfurt.de

❸ Kitzingen

Das Kleinstädtchen (20 000 Einw.) geht auf eine Klostersiedlung zurück, die sich im 15. Jh. zu einer bekannten Weinhandelsstadt entwickelte.

SEHENSWERT
Herausragend sind der schiefe **Falterturm** (Ende 15. Jh.), die **Alte Mainbrücke** (Ende 15. Jh.) und das Renaissance-**Rathaus** (um 1560). Im Falterturm ist das **Deutsche Fastnachtsmuseum** beheimatet (www.deutsches-fastnachtmuseum.byseum.de; Di.–So. 13.00–17.00 Uhr). Dem ungewöhnlichen **Conditorei Museum** ist ein einladendes Kaffeehaus im Wiener Stil angegliedert (Marktstr. 26, www.conditorei-museum.de; Mo.–Fr. 7.00 bis 18.00, Sa. 7.00–18.00, So. 8.00–17.00, Okt. bis April Sa. nur bis 16.00 Uhr).

UMGEBUNG
Sulzfeld ist für seine Meterbratwurst bekannt. Wunderschön sind die Weindörfer **Iphofen**, **Rödelsee** und **Castell**.

INFORMATION
Tourist-Information, Schrannenstraße 1
97318 Kitzingen, Tel. 09321 92 00 19
www.kitzingen.info

❹ Ochsenfurt

Die gut erhaltene mittelalterliche Altstadt des Weinorts (11 500 Einw.) wird seit jeher von Mauern und Toren umschlossen.

SEHENSWERT
Im **Rathaus** (1496) sind Spieluhr und Gefängnisverliese, an der im Urspr. mittelalterlichen

Befestigungsanlage die Türme und Stadttore beachtenswert.

HOTEL UND RESTAURANT
Im € **Gasthof Zum Schmied** (1268) lässt sich bodenständig-fränkisch speisen und übernachten (Hauptstraße 26, 97199 Ochsenfurt, Tel. 09331 24 38, www.hotel-schmied.de).

UMGEBUNG
Auch **Marktbreit** kann mit altem Flair aufwarten – unter anderem mit seinem Malerwinkel-Ensemble aus dem 17. Jh.

INFORMATION
Tourist-Information, Hauptstraße 39, 97199 Ochsenfurt, Tel. 09331 58 55, www.ochsenfurt.de

❺ Bad Mergentheim

Die Kurstadt (20 000 Einw.) war 300 Jahre Sitz des Deutschen Ritterordens.

SEHENSWERT
Zentrum des Ortes ist das auf eine Wasserburg zurückgehende **Deutschordensschloss** (überw. 16. und 17. Jh.). Den lang gestreckten **Marktplatz** säumen Fachwerkhäuser. Im Schloss ist das **Deutschordensmuseum** untergebracht – ein Streifzug durch 800 Jahre Geschichte (www.deutschordensmuseum.de; April–Okt. Di.–So. 10.30–17.00, sonst Di.–Sa. 14.00–17.00, So. 10.30–17.00 Uhr).

AKTIVITÄTEN
Die **Solymar-Therme** bietet ein attraktives Sport- und Familienbad, ein 37 °C heißes Sole-Mineral-Thermalwasser-Becken und sechs verschiedene Saunen (www.solymar-therme.de; tgl. 9.00–22.00 Uhr).

HOTEL UND RESTAURANT
Eine gute Adresse ist das zentral in Markelsheim gelegene € **Hotel Weinstube Lochner** mit fränkischer Küche, aber auch mit Schwimmbad und Sauna (Hauptstraße 39, 97980 Bad Mergentheim, Tel. 07931 93 90, www.weinstube-lochner.de).

UMGEBUNG
Im südl. gelegenen **Stuppach** entzückt die „Stuppacher Madonna" (um 1515), ein grandioses Marienbild von Matthias Grünewald in der Pfarrkirche (tgl. 8.30–18.30 Uhr, www.stuppacher-madonna.de).
Nördl. liegt **Tauberbischofsheim** mit seinem Kurmainzischen Schloss (Urspr. 13. Jh., 16. Jh.), östl. das verwinkelte **Weikersheim** mit einem hohenloheschen Renaissanceschloss (Umgestaltungen bis ins 18. Jh.) samt schönem Park, barocken Amtshäusern und niedrigen Zirkelhäusern.

INFORMATION
Tourist-Information, Marktplatz 1 97980 Bad Mergentheim, Tel. 07931 57 48 15 www.bad-mergentheim.de

Genießen   Erleben   Erfahren

Kanu in der Schleife

DuMont Aktiv

Die Bootswanderstrecke auf dem Main beginnt in Hochstadt im Coburger Land und erstreckt sich über 360 km bis nach Aschaffenburg. Schilder zeigen Ein- und Ausstiegsstellen, Kilometerangaben, wie zum nächsten Anlandeplatz, aber auch Einkehrmöglichkeiten. Idealerweise paddelt man flussabwärts, wie bei der Einsteigertour ab Eisenheim durch die Mainschleife, die einen herrlichen Tag auf dem Fluss beschert.

Der Main schaut geradezu jungfräulich aus: 9.30 Uhr, die Sonne blinzelt und die Einweisung ist schnell erledigt. Paddeln ist ja einfach! Jetzt wartet die Mainschleife, einer der schönsten Plätze entlang des ganzen Flusses. Die reine Paddelzeit für die kommenden 16 km wird meist mit vier bis fünf Stunden kalkuliert – inklusive Pausen für eine Brotzeit oder den einen oder anderen Fotostopp rechnet man aber besser mit sieben Stunden. Eisenheim ist der Startplatz, Schwarzach der Endpunkt und dazwischen …? Macht jeder, was er will! Tempo und Pausenplätze werden nach Gusto gewählt. Nur zum Endpunkt sollte man kommen: Dort wartet der Rücktransport per Bus.

Während der Fahrt, meist eingerahmt von Weinbergen an beiden Uferseiten, begegnet man kleinen Mainfähren, mächtigen Lastkähnen und anderen Paddlern, benutzt Sportbootschleusen und Landeplätze. Höhepunkt dieser Tour ist die Mainschleife bei Volkach mit den wunderbaren Weinlagen „Escherndorfer Lump" und „Nordheimer Vögelein" am Ende der Schleife.

Weitere Informationen

Tourismusverband Franken
Wilhelminenstraße 6
90461 Nürnberg
Tel. 09 11 94 15 10
www.main-wasserwandern.de

Kanus und Kanadier für 2–4 Personen,
Paddelkurse und Mehrtagestouren:
Waterwalker, Ländestraße 3
97332 Volkach, Tel. 09 30 5 9 88 21 12
www.waterwalker.de

Hier geht es nicht um die Olympiaqualifikation, sondern ums genussvolle Wasserwandern in einem Kanu.

Von wegen
nur düster

Nur maximal 400 Meter hoch,
aber doch ganz groß: Der
170 000 Hektar weite Naturpark
Spessart hat es in sich. Er ist das
waldreichste Mittelgebirge sowie
das größte zusammenhängende
Laubwaldgebiet in Deutschland.
Aber es gibt nicht nur jahr-
hundertealte Baumriesen,
sondern auch Aschaffenburg,
Miltenberg und das Wasserschloss
Mespelbrunn – reichlich Genuss
und Geschichten in den beliebten
Häckerwirtschaften nicht zu
vergessen.

Die Um- und Ausbauten des 16. Jahrhunderts prägen das Bild
des Renaissanceschlosses Mespelbrunn

Der Spessart ist ein Wanderland – hier auf der
Eselshöhe bei Rothenbuch

Statt auf Schusters Rappen in echtem Sattel:
Reitertour bei Geiselbach

Der Mainzer Kurfürst Johann Schweickard von Kronberg ließ
das Aschaffenburger Schloss als Residenz erbauen

Die Aschaffenburger Stiftskirche überragt den Stiftsberg mit seiner Altstadtbebauung

"Jahrtausende wohl
standst du schon,
O Wald, so dunkel, kühn,
Sprachst allen
Menschenkünsten Hohn
Und webtest fort dein
Grün."

Friedrich Schlegel, „Im Spessart", 1806

Pilot Werner braucht Luft unter den Füßen. Er ist Franke, spricht hessisch, fliegt für sein Leben gerne und liebt den Spaß. „Und jetzt mal Slalomfliegen!", krächzt es aus den Kopfhörern der zweisitzigen Propellermaschine. „Wir fliegen zwischen Windrädern durch. Deswegen haben sie diese Riesendinger doch aufgestellt ... Oder?"

Der Spessart von oben: Sieht aus wie sanfte, eng aneinander geschmiegte Büschel, die nur von Flusstälern und ein paar Ortschaften unterbrochen sind. Der Odenwald grenzt übergangslos an, Aschaffenburg grüßt von der Ferne. Man muss zwar nicht Reinhard Mey zitieren („Über den Wolken ..."), aber der Liedermacher hat das Gefühl, zu fliegen, schon sehr gut getroffen – auch wenn der Flug über Miltenberg schon sehr tief war ...

Das Bier bleibt hier

Im Schwarzviertel von Miltenberg ist die Weite weg, die Freiheit aber noch da. Das Schwarzviertel heißt so, weil die schmalen Gassen zwischen den Häusern kaum Sonne abbekommen. Das dort angesiedelte Brauhaus Faust, 1654 gegründet, nimmt sich die Freiheit zu sagen: Das Bier bleibt hier. „Unsere zwölf Bierspezialitäten könnten wir nicht in gleicher Qualität produzieren, wenn wir überregional vertreiben würden", sagt Cornelius Faust. „Die Biere reifen schließlich sechs Wochen lang im 30 Meter tiefen Sandsteinkeller." Für eine Großbrauerei wäre das unmöglich.

Traditionen wie diese begegnen dem Gast in Miltenberg auf Schritt und Tritt. Und wer am historischen Marktplatz steht, zieht schnell einen Vergleich und kommt zu dem Schluss, dass Miltenberg fast das bessere Rothenburg ist, da man trotz der Enge der Gassen die Freiheit hat, sich bewegen zu können, wie und wohin man will, was in der Tauberstadt angesichts der Besuchermassen manchmal in Frage gestellt ist.

Den Wohlstand und die frühere Bedeutung Miltenbergs erkennt man unschwer an den prächtigen Fachwerkbauten, die zu den schönsten in Deutschland zählen. Die Großbürger bauten ihre Häuser aber damals schon aus Stein statt aus Holz, was die Steigerung von reich erklärt: steinreich. Das waren auch die Reisenden, die im „Gasthaus Zum Riesen" logierten. Es stammt aus dem 12. Jahrhundert und gilt als älteste Fürstenherberge Deutschlands. Seinerzeit konnte es 50 Pferde pro Nacht aufnehmen – und damit auch 50 Gäste ... Es lag sozusagen an der Autobahn 3 des Mittelalters, sah Hexenprozesse und -verbrennungen auf dem Vorplatz, bewirtete Könige wie Karl IV., Fürsten und Martin Luther.

Vom fachwerkgesäumten Miltenberger Marktplatz führt der Weg hinauf zum Schnatterlochturm, durch den Renaissancetorbogen neben dem Centgrafenhaus zur Mildenburg

Blick von der Mainbrücke auf die entlang dem Main lang gestreckte Altstadt Miltenbergs mit der Stadtpfarrkirche St. Jakob aus dem späten 14. Jahrhundert und der alles überragenden Mildenburg

Dem von der ortsansässigen Faust-Brauerei bewirtschafteten Gasthof „Zum Riesen" in Großheubach gaben illustre Gäste die Ehre.
Der Bau aus dem 16. Jahrhundert erhebt sich auf gotischen Resten

Beim Koteletten-Schmitt

Nicht im „Riesen", sondern in einer der zahlreichen Häckerwirtschaften ist Günther Oettinger anzutreffen, der Bürgermeister von Großheubach, nur ein paar Kilometer von Miltenberg den Main abwärts. Häckerwirtschaften sind typisch für die Gegend. Die jeweils auf wenige Tage Öffnungszeit begrenzten privaten Gaststuben ermöglichen den Winzern ein paar Nebeneinkünfte und Einheimischen wie Gästen typische Küche, Weine vom Hof und ein zünftiges Beisammensein. Mit seinen 1056 Tagen, an denen hier Häckerwirtschaften geöffnet sind, gilt Großheubach als die selbsternannte Welthauptstadt der

Hecke, wie die Einheimischen sagen. Jemand schlägt Günther Oettinger auf die Schulter. „Kennst Du den, Günther?", sagt der Mann und erzählt einen Witz. Oettinger hört zu. Lacht. Er geht bewusst in die Hecke, wie heute zum Koteletten-Schmitt, um zu hören, was im Ort los ist. Denn so ein Witz ist ja nur das Entrée für eine unkomplizierte kleine Anfrage an den Bürgermeister …

Oettingers Geschichte ist kennzeichnend für die Leute im Spessart. Ohne Ö fehlt dir was: Das war sein Slogan, den ein Telefonanbieter selbst für seine Werbung lange nutzte, ihn aber für den Wahlkampf von Oettinger genehmigte. Was war passiert? Günther Oettinger,

66 Jahre alt und seit 1990 Bürgermeister, sollte einem Jüngeren Platz machen. Doch die CSU hatte die Rechnung ohne Ö und seine Wähler gemacht. Ein Sturm der Entrüstung im Dorf bewirkte, dass Oettinger als Parteiloser in die Wahl ging und sein Amt gegen die Kandidaten der drei großen Parteien souverän mit der absoluten Mehrheit verteidigen konnte. Ö hatte gewonnen.

Überfall im Angebot

Fast mutet die Geschichte an wie die moderne Variante einstiger Spessart-Räubergeschichten: „Es grüßen die schrecklichen Räuber aus dem finsteren Spessart-Wald – wo die Pferde scheuen und

Der Kreuzberg nördlich von Bad Kissingen ist mit seinen knapp 1000 Metern beliebtes Wanderziel, gilt aber auch als Wallfahrtsort und heiliger Berg der Franken

Blick über den Main auf Wertheim mit seiner Burg. Das überaus schmucke Städtchen liegt an der Mündung der Tauber in den Main. Die Burg existiert schon seit gut 900 Jahren. Im sanierten Teil ist ein Restaurant untergebracht, die Ruine bietet eine tolle Kulisse für Open-Air-Events

Die Bayerische Rhön an der Kissinger Hütte …   … ein zünftiges Vesper ist hier garantiert

Lohr am Main

Special

Schneewittchen ...

... und die vier Gemeinden ist kein neues Märchen, sondern ein kleiner Zankapfel. Denn das Schneewittchen der Brüder Grimm hat ein Zuhause. Nur welches, und wo liegt es? Alfeld in Niedersachsen will Schneewittchens Heimat sein, was ebenso zwei Gemeinden in Hessen für sich reklamieren und – Lohr am Main, das sich Schneewittchenstadt nennt. Forschungen zufolge handelt es sich bei Schneewittchens Vorbild um die 1725 in Lohr geborene Maria Sophia Mar-

garetha Catharina von Erthal. Sie hat im Lohrer Schloss, heute Spessartmuseum, gelebt. Der gläserne Sarg, die eisernen Pantoffeln, der sprechende Spiegel und weitere Fixpunkte des Märchens können für Lohr belegt werden. Und der Wald, in dem Schneewittchen ausgesetzt wurde, da sind sich alle sicher, kann nur der Spessart sein. Den Kindern, die das Museum besuchen, ist das alles egal. Hauptsache, Schneewittchen kommt zu ihnen und liest Märchen vor.

die Büchse knallt." So lautet das Motto der Mespelbrunner Spessart-Räuber, die buchbare Überfälle im Angebot haben, inklusive nachgestellter Szenen aus „Das Wirtshaus im Spessart", dazu Schnaps und Spessarter Apfelwein zur Versöhnung.

Schloss Mespelbrunn, wie das Miltenberger Schnatterloch ebenfalls Drehort vom „Wirtshaus im Spessart", wurde eben wegen jener Räuber von einem unbefestigten Weiherhaus zu einer Burg mit Mauern und Türmen umgebaut. Erst die folgenden Generationen nahmen die friedlicheren Zeiten zum Anlass, die zunächst abweisende Wasserburg in ein verträumtes Renaissanceschloss zu verwandeln. Bis heute liegt es versteckt, immer noch im Besitz der Erbauerfamilie. Die Grafen von Ingelheim, genannt Echter von und zu Mespelbrunn, bewohnen bis heute den Südflügel des Schlosses.

So romantisch Mespelbrunn auch ist, wenn es um das größte Spessartschloss geht, dann führt der Weg nach Aschaffenburg. Das prachtvolle Wahrzeichen der Stadt ließ ein Mainzer Kurfürst erbauen: aus rotgoldenem Buntsandstein, direkt am Main. Schloss Johannisburg diente schließlich als Residenz. Und da schätzt man festen Boden unter den Füßen – und keine Luft wie Werner, der Pilot.

Die schönsten Radwege

Radeln für Genießer

Die Mountainbiker lieben die Wald- und Naturwege, die Rennradfahrer den Asphalt für hohes Tempo. Und der Genussradler mietet sich ein gutes Fahrrad und macht eine schöne Tour, die landschaftlich was hergibt, weitgehend flach ist und auch den einen oder anderen Biergarten aufzuweisen hat. Tipps für alle drei Kategorien.

① Am Main entlang

Zugegeben, 499 km Strecke, wenn man am Zusammenfluss von Weißem und Rotem Main bei Kulmbach (Bild S. 46) startet, haben es in sich. Aber der „MainRadweg" ist auch abschnittsweise befahrbar. Prima ist die einheitliche Beschilderung in beide Richtungen mit Kilometerangaben zu den nächsten Orten. Meist fährt man auf asphaltierten Radwegen und es gibt wenige Steigungen. Dafür viele Ausblicke auf den Fluss, wie in Obereisenheim (Bild oben).

Start/Ziel: Kulmbach/Mündung in den Rhein in Mainz
www.mainradweg.com

② Durchs Altmühltal

Entlang der Altmühl kann man bestens radeln: von Gunzenhausen bis Kelheim sind es 167 km. Diese familienfreundliche Tour von der Quelle bis zur Mündung in die Donau verläuft weitgehend eben und naturnah fernab des Straßenvekehrs. Römische Bauwerke, Burgen, Kirchen und Klöster säumen den Weg. Wer nur Teilstücke fahren möchte: Von vielen Orten bringt der Bus müde Radler zurück zum Ausgangspunkt.

Start/Ziel: Gunzenhausen/Kelheim; www.naturpark-altmuehltal.de

③ Die Bierkellerrunde

In der Fränkischen Schweiz macht auch das Radfahren Spaß, besonders, wenn man dieser einheitlichen Wegmarkierung folgt: ein Fahrrad mit Bierkrug und Sonne. Der überwiegend asphaltierte Radweg verläuft fast ausschließlich abseits öffentlicher Straßen oder auf separaten Radwegen. Es gibt kaum Höhenunterschiede und die nur 16,6 km weisen auf eine zeitlich überschaubare Tour hin, wenn nicht direkt am Weg 15 Bierkeller und Brauereien liegen würden.

Start/Ziel: Strullendorf
www.fraenkische-schweiz.com

④ Die Weingenießertour

Reben, Reben und nochmals Reben: Eine weinreiche Tour beginnt im Winzerort Volkach und führt entlang der berühmten Mainschleife zu weiteren weinseligen Orten Unterfrankens wie Dettelbach, Neuses, Nordheim und Sommerach, natürlich auch zur Wallfahrtskirche Maria im Sand sowie zur Benediktinerabtei Münsterschwarzach. Der Höhepunkt im Wortsinn: Über Astheim geht es auf einem Weinbergsweg hinauf zur Vogelsburg, von wo man einen wunderbaren Blick auf die Mainschleife hat. Die insgesamt 35 km sind gut ausgeschildert. Rund 300 Höhenmeter werden überwunden.

Start/Ziel: Volkach
www.fraenkisches-weinland.de, Stichwort Volkacher Mainschleifentour

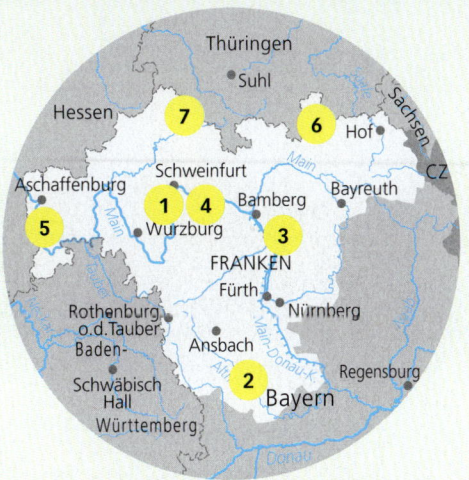

⑤ Durch den Spessart

Maintal und Spessart geben die hübsche Kulisse, Wege aus der Römerzeit das Historische: Die 32 km lange und mittelschwere Mountainbike-Strecke Ei 1 verläuft zu 90 % auf Feld- und Waldwegen zwischen Obernburg und Eisenbach. Sie ist abwechslungsreich und wird auch dem nicht so gut konditionierten Biker gerecht. In Obernburg bietet sich der schöne Biergarten vom Römerhof als Stopp an.

Mountainbike-Rundstrecke Ei 1, Start/Ziel: Eisenbach, Spessart
www.churfranken.de
Stichwortsuche Ei 1

⑥ Auf dem Rennsteig

Mit genau 56,9 km und dabei bewältigten 1406 Höhenmetern gehört die Mountainbike-Strecke 3 Rennsteig-Region Süd ganz sicher zu den fahrerisch und auch konditionell fordernden Strecken, die in Steinbach am Wald, nördlich von Kronach, beginnt und auch dort endet. Mit dabei sind Bachdurchfahrten, ein echter Wurzeltrail und auch knackige Anstiege auf ruppigem Untergrund. 70 % der Strecke fährt man auf Forstwegen, 20 % auf Trails und lediglich 10 % sind Asphalt-Belag.

MTB-Rundstrecke 3 Rennsteig-Region Süd
Start/Ziel: Steinbach am Wald
Infos bei der örtlichen Touristinfomation: www. steinbach-am-wald.de, Stichwort MTB Tour 3 Karten über Frankenwald Tourismus: www.franken wald-tourismus.de

⑦ Für Asphalt-Junkies

Noch eine Tour, bei der es vom Namen her ums Bier geht: Der Bierradweg Rhön verbindet zehn Brauereien, zwei Landwirte und eine Mälzerei. Tafeln informieren über die örtliche Bierkultur, den Braugerstenanbau und über das Malzen in der Rhön. Für Genussfahrer sind die 140 km Gesamtlänge allerdings nur schwerlich zu machen an einem Tag. Für den passionierten Rennradfahrer sind sie dagegen ab und bis Bad Neustadt an der Saale eine schöne Tagestour, denn die Route verläuft komplett auf Radwegen und fast zu 100 % auf Asphalt.

Bierradweg Rhön
Start/Ziel: Neustadt an der Saale
www.frankentourismus. de; Stichwortsuche Bierradweg

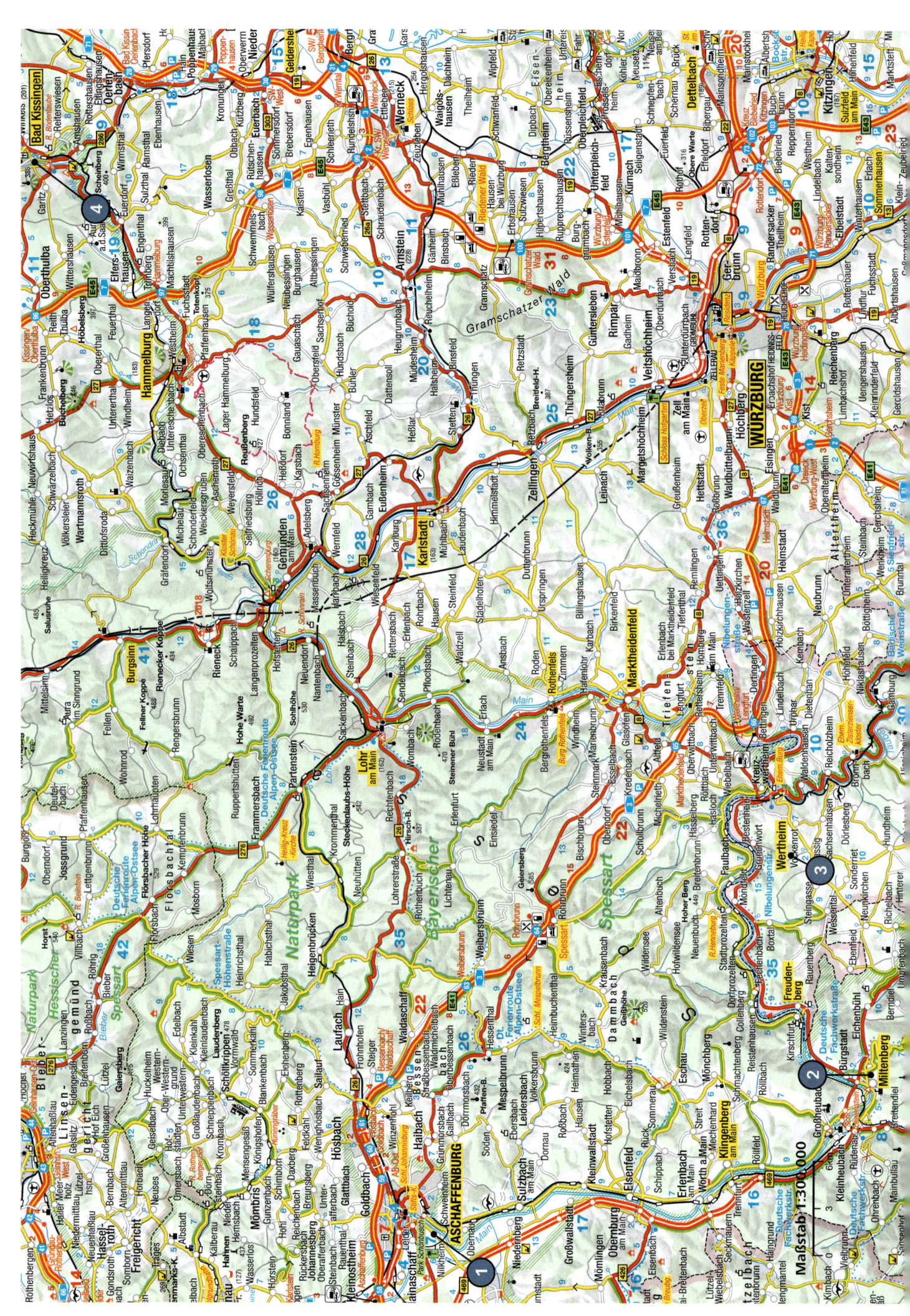

Feine Fürsten und dreiste Räuber

Kinzig, Sinn und Main schließen all den Spessart ein, besagt ein Merkvers. Der Spessart nimmt auch ziemlich genau das Mainviereck ein, schließt Bayern und Franken nach Westen hin ab und zieht sich in nördlicher Richtung etwas nach Hessen hinein, wo sich die bayerische Rhön dann nahezu nahtlos am Flusslauf der Sinn anschließt.

❶ Aschaffenburg

Unterfrankens zweitgrößte Stadt (70 000 Einw.) ist einstiger Residenz- und heutiger Industriestandort, das Tor nach Hessen und in den Spessart – wenn man von der vielbefahrenen Autobahn 3 kommt.

SEHENSWERT

Monumental steht **Schloss Johannisburg** am Mainufer, ein Renaissancebau von 1614, quadratisch angelegt, mit vier Flügeln und vier Türmen. Der ehem. Zweitsitz der Kurfürsten von Mainz beheimatet die Hofbibliothek, in der eine Gutenberg-Bibel aufbewahrt ist. Das **Pompejanum** (1840–1848), eine Nachbildung eines in Pompeji ausgegrabenen Hauses, wurde im Auftrag des Bayernkönigs Ludwig I. erbaut. Die **Stiftskirche St. Peter und Alexander** wurde bereits 975 erstmals erwähnt. Die Altstadt auf dem Stiftsberg birgt noch viele Fachwerkhäuser aus dem 15. und 16. Jh.

MUSEEN

Die **Staatsgalerie** im Schloss besitzt eine der bedeutendsten Sammlungen mit Gemälden von Lucas Cranach d. Ä. (www. pinakothek.de; April–Sept. Di.–So. 9.00–18.00, sonst Di.–So. 10.00–16.00 Uhr). Das **Städtische Schlossmuseum** beheimatet die Korkmodellsammlung des Hofkonditors Carl May: Ab 1792 schuf er verblüffend detailgenau das antike Rom en miniature, u. a. das Kolosseum (Di.–So. 9.00 bis 18.00 Uhr, www.museen-aschaffenburg.de).

AKTIVITÄTEN

Badesee Niedernberg lädt ein zum Schwimmen und Sonnenbaden, nur 15 Autominuten südlich der Stadt.

VERANSTALTUNGEN

Die **Aschaffenburger Kulturtage** Anf. Juli bieten Musik, Open-Air-Kino, Kleinkunst und Kinderkultur sowie die lange Museumsnacht (www.aschaffenburger-kulturtage.de).

HOTEL UND RESTAURANT

Tagsüber Sightseeing und abends 10 km südl. der Stadt Ruhe, Wellness mit Blockhaussauna, Pool und Privatstrand – oder überhaupt mal

Blick von der Mildenburg auf Miltenberg, die Jakobuskirche und den Main

einen Badetag einlegen: im € € **Seehotel** in Niedernberg mit sehr gutem Restaurant (Leerweg, 63843 Niedernberg, Tel. 06028 99 90, www.seehotel-niedernberg.de).
Das € € € **Restaurant Oechsle** serviert gehobene fränkische Küche. Festtagsbraten gibt es auf Vorbestellung (Karlstraße 16, Tel. 06021 2 31 32, www.zumgoldenenochsen.de).

UMGEBUNG

Mespelbrunn, Inbegriff eines romantischen Wasserschlosses (15. Jh.), liegt verwunschen in einem Spessart-Tal. Da noch von der Erbauerfamilie bewohnt, ist das Innere mit Rittersaal, Ahnentafel und Waffensammlung nur bei Führungen zu besichtigen. Witzig ist ein inszenierter Spessart-Räuberüberfall (www.mespelbrunner-spessartraeuber.de).

INFORMATION

Tourist-Information
Schlossplatz 1, 63739 Aschaffenburg
Tel. 06021 39 58 00
www.info-aschaffenburg.de

❷ Miltenberg

Ab dem 13. Jh. im Besitz des Erzbischofs von Mainz, bildeten Schifffahrt und Fischerei, Weinbau und Brauwesen, Holz- und Buntsandsteinverarbeitung bis ins 19. Jh. die Basis für Wachstum und Blüte der Stadt (10 000 Einw.). Nach Eröffnung der Maintalbahn in den 1870er-Jahren siedelte sich auch Industrie an.

SEHENSWERT

Wem der Sinn nach mittelalterlichem Fachwerk, nach Stadtmauern und Tortürmen steht, ist hier sehr gut aufgehoben (tgl. 14.00 Uhr Führungen; Treffpunkt Rathaus). Der **Marktplatz** TOPZIEL gehört zu den malerischsten in Deutschland. Fachwerkhäuser, Marktbrunnen (Renaissance, 1583) und Schnatterlochturm (der Name leitet sich von „Snade", Grenze, ab, denn der nahe Regenwassergraben war einst die Stadtgrenze) geben ein sehenswertes Ensemble ab. Darüber thront erhaben die **Mildenburg,** die schon um 1200 als Mainzer Grenzsicherung errichtet wurde. Die Aussicht ist den etwas mühsamen Aufstieg zum Greinberg wert. Die **Hauptstraße** ist Fußgänger-, Einkaufs- und Freilichtmuseumszone in einem. Fast jedes Haus zeigt Fachwerk. Das **Alte Rathaus** (Urspr. 14. Jh.) war eines der ersten Steinhäuser in Miltenberg. Dort zeigen Hochwassermarkierungen, wann und wie hoch der Main über die Ufer getreten ist. Bei Sport-Roth (Hauptstraße 69) hat man im Obergeschoss die Möglichkeit zu sehen, wie ein Fachwerkhaus entkernt von Innen aussieht. Und wer sich eine neue Brille kaufen möchte, kann dies in einem der ältesten Fachwerkhäuser Deutschlands (um 1330; Hauptstraße 136) tun. Der **Jüdische Friedhof** liegt parallel zur Hauptstraße, ein verwunschen schöner Ort.

MUSEEN

Die **Alte Amtskellerei** (16.–18. Jh.) wurde zum stadtgeschichtlichen **Museum.Stadt. Miltenberg** (Hauptstraße 169, www.museum-miltenberg.de; April–Okt. Di.–So. 10.00–17.30, Nov.–Jan. Mi.–So. 11.00–16.00 Uhr). Auch die Mildenburg ist Museum: **Museum.Burg.Miltenberg** mit Werken moderner Kunst und einer Ikonensammlung (www.museum-miltenberg.de; April–Okt. Di.–Fr. 13.00–17.30, Sa. und So. 11.00–17.30 Uhr).

AKTIVITÄTEN

Rundflüge über den Spessart bietet der Flugsportclub Odenwald (www.fsco.de). Auf dem **Eselsweg** wurde bereits im 14. Jh. Salz von Bad Orb nach Miltenberg zur Verschiffung gebracht. Heute führt der Wanderpfad quer

Tipp

Leiterchen mit Kraut

....

Frisches Kesselfleisch, fränkische Bratwürste, Kochkäs, Meisel-Knödel, mit Hackfleisch gefüllte Kartoffelknödel, aber auch Wurst, Schinken, Käse und Rippchen mit Kraut (Leiterchen) kosten in einer Häckerwirtschaft pro Portion deutlich weniger als in Gasthöfen und Restaurants. Den Winzern wird jeweils für wenige Tage erlaubt, ihre Stube, das Wohnzimmer oder die Terrasse – für maximal 40 Personen – zu öffnen, um hausgemachte Küche und den eigenen Wein anzubieten. Die Termine entstehen von selbst durch die Arbeit am Weinberg und in der Kellerei. Man setzt sich zusammen. Tische für sich alleine gibt es nicht. Häckerwirtschaften gehören zur urfränkischen Weintradition.

Broschüre mit Adressen und Öffnungszeiten beim Mainland Miltenberg – Churfranken, Hauptstraße 57, 63897 Miltenberg, Tel. 09371 6 60 69 75, www.churfranken.de

durch den Spessart (www.naturpark-spessart.de). Die Region gilt als Top-Mountainbike-Region (Trailpläne und App unter www.churfranken.de). Schön ist auch die **Dampfer-/Fahrrad-Kombination** nach Wertheim: Mit dem Rad auf dem Maintalradweg 35 km hin und dann wieder mit dem Schiff zurück oder umgekehrt (www.mainschiffe.de).

VERANSTALTUNG

Churfranken Genuss Festival im Okt. mit Bier und Edelbränden, Wein und kulinarischen Verlockungen

HOTEL UND RESTAURANTS

Imposant präsentiert sich die älteste Fürstenherberge Deutschlands, das von der Faustbrauerei betriebene € **Gasthaus Zum Riesen**, in dem sich hervorragend im historischen Ambiente oder auf der Terrasse speisen lässt (Hauptstraße 99, Tel. 09371 98 99 48, www.riesen-miltenberg.de).
€ € **Zipf's Wein- und Gasthof Steuer** bietet hinter seinem alten Fachwerk Ochsenfleisch, gekocht oder geschmort (Hauptstraße 42, Tel. 09371 72 86, www.weinhof-steuer.de).
Der € € € / € € **Schafhof** ist ein ehem. Klostergut mit Wurzeln im 15. Jh. – kaum ein Landhotel Frankens liegt so idyllisch und strahlt so viel Ruhe aus (Schafhof 1, 63916 Amorbach, Tel. 09373 9 73 30, www.schafhof.de).

UMGEBUNG

Die östl. anschließende Fachwerkgemeinde **Bürgstadt** bietet zahlreiche Weingüter (ab Hof Verkauf). **Großheubach** (nördl.) lohnt wegen seiner Häckerwirtschaften. 612 Stufen führen zum Kloster Engelberg (13. Jh.); Bayerns kleinste Weinanbaufläche (1 ha) wird von Franziskanern bewirtschaftet.
In **Kleinheubach** steht das von einem Versailles-Architekten entworfene Schloss Löwenstein (um 1730; nur der Park ist zugänglich). **Klingenberg** (nördl.) beheimatet eine der besten Weinlagen der Gegend und die Ruine Clingenburg (Urspr. 11. Jh.).

Amorbachs mächtige Abteikirche (links), Wertheims fachwerkgeprägte Altstadt (o.)

Von bewaldeten Höhenzügen umgeben, entstand der Kern des barock geprägten Luftkurortes **Amorbach** (10 km südl. an der B 469, s. Übersichtskarte S. 6) aus einem Benediktinerkloster. Die Altstadt steht unter Denkmalschutz: Rathaus (1478), Kirchen, Fachwerk, Kopfsteinpflastergassen machen sie zu einem Schmuckkästchen der Architektur. Hauptattraktion ist die 794 gegründete, im 18. Jh. prachtvoll umgestaltete **Benediktiner-Abtei TOPZIEL** mit der viertürmigen, im Rokokostil ausgestatteten Abteikirche und der Konventbau mit der Klosterbibliothek im "Zopfstil". In die Zehntscheuer (1488) zog eine Kleinkunstbühne (www.zehntscheuer-amorbach.de).

INFORMATION

Tourismusgemeinschaft Miltenberg, Bürgstadt, Kleinheubach
Rathaus, Engelplatz 69, 63897 Miltenberg
Tel. 09371 40 41 19, www.churfranken.de
www.miltenberg.info

Informationszentrum Bayerischer Odenwald
Schlossplatz 1, 63916 Amorbach
Tel. 09373 20 05 74, www.amorbach.de

❸ Wertheim

Die gut 1000-jährige Stadt mit heute 20 000 Einw. lohnt einen Abstecher, obgleich die meisten Besucher eher am Wertheim Village, direkt an der A 3, interessiert sind.

SEHENSWERT

Am Zusammenfluss von Main und Tauber erhebt sich die **Burgruine Wertheim,** die binnen 500 Jahren, zwischen dem 12. und 17 Jh., erbaut wurde, um dann 1619 im Dreißigjährigen Krieg zerstört zu werden. Im Ortszentrum finden sich zahlreiche **Fachwerk- und Giebelhäuser** und das Kittsteintor zur Tauber, etwas außerhalb **Kloster Bronnbach** (12. Jh.).

EINKAUFEN

Das **Wertheim Village** ist als Luxus-Outlet mit mehr als 110 Boutiquen weithin bekannt (www.wertheimvillage.com).

UMGEBUNG

"Schneewittchenstadt" **Lohr am Main** (30 km nördl.) verfügt über eine gut erhaltene Altstadt und das Spessartmuseum (Schlossplatz 1, www.spessartmuseum.de; Di.–Sa. 10.00–16.00, So. und Fei. 10.00–17.00, Märchenstunde April bis Okt. 2. und 4. So. ab 15.00 Uhr).

INFORMATION

Tourist-Information Churfranken
Hauptstraße 57, 63897 Miltenberg
Tel. 09371 660 69 76, www.churfranken.de

Tourist-Information, Schlossplatz 5
97816 Lohr am Main, Tel. 09352 1 94 33
www.lohr.de

④ Bad Kissingen

Das südliche Tor zur Rhön ist eine der bekanntesten Kurstädte Deutschlands. Ihr Renommee verdankt die 21 000-Einw.-Stadt ihrem Salz und sechs verschiedenen Heilquellen, deren Wirkung schon im Mittelalter gerühmt wurde – und nicht zuletzt der illustren Gästeliste.

SEHENSWERT

Im Zentrum stehen die **Kuranlagen** an der Saale mit schönen, im 19. Jh. entstandenen Bauten wie Europas größter Wandelhalle, der Brunnenhalle mit dem berühmten Rakoczy-Wasser und der Spielbank.

MUSEUM

Das **Museum Obere Saline** zeigt die Bedeutung des Salzes für das Heilbad auf und beheimatet das Bismarck-Museum (der Reichskanzler weilte 15-mal in Kissingen). In den musealen Schauräumen wurde einst politisch-historische Geschichte geschrieben, wie das Kissinger Diktat von 1877 (Obere Saline 2, www.badkissingen.de; Mi.–So. 14.00–17.00 Uhr).

AKTIVITÄTEN

Sowohl im altehrwürdigen **Kurhausbad** als auch in der modernen **Kisssalis Therme** stehen Anwendungen, Pools, Saunen und Dampfbäder zur Wahl (www.badkissingen.de, www.kisssalis.de; tgl. 9.00–22.00, Fr., Sa. bis 24.00 Uhr).

VERANSTALTUNG

Der Rosengarten ist im Juni Schauplatz des **Rosenfests** mit mehr als 150 Rosensorten und 12 000 Rosenstöcken.

HOTEL UND RESTAURANT

In der € € **Residence von Dapper** mit nur 27 Zimmern finden die Gäste einen Saunabereich mit fünf Saunen, Pool, Whirlpool und Sandbad vor (Menzelstraße 21, 97688 Bad Kissingen, Tel. 0971 78 54 80, www.residence-dapper.de). Gehobene regionale Küche unter Kristallleuchtern wird im € € € **Restaurant Kaisersaal** gereicht (Am Kurgarten 5, Tel. 0971 70 10, www. kaiserhof-victoria.de).

INFORMATION

Tourismus-Information, Am Kurgarten 1
97688 Bad Kissingen, Tel. 0971 804 84 44
www.badkissingen.de

Genießen   Erleben   Erfahren

Flach durch die Berge

DuMont
Aktiv

180 Kilometer ist der Rhönrad-Weg lang. Durch die Täler der Saale, Brend, Ulster und Werra führt er vom fränkischen Hammelburg durchs Hessische nach Thüringen. Logisch, dass es bei einer Mittelgebirgsstrecke nicht immer eben zugeht. Der Scheitelpunkt liegt sogar bei 830 m. Der Vorschlag deshalb: lieber vorwiegend flach fahren, von Schönau nach Hammelburg beispielsweise, eine schöne Ein-Tages-Tour mit einer Länge von 70 km.

Das Rhönrad, ein Turngerät, das Otto Feick in Schönau an der Brend erfunden hat, ist weltweit bekannt. Deshalb stellen wir der Rhönrad-Tour einen Besuch am Rhönrad-Denkmal in Schönau voran. Dann geht es los, zunächst 12 km nach Bad Neustadt, wo die Brend in die Saale mündet. Drei Säuerlinge bietet die Kurstadt in ihrem Brunnenhaus an.

Ab Neustadt verläuft der Rhönrad-Weg im Tal der Fränkischen Saale. Sie ist das verbindende Element der Bäderregion Rhön-Saale mit ihren Kurstädten. Die gesamte Strecke ist übersichtlich beschildert. Vorwiegend auf Asphalt, ohne viel Verkehr und über nur wenige Steigungen führt der Weg via Bad Bocklet nach Bad Kissingen. Erst danach sind längere Abschnitte nicht asphaltiert, aber dennoch gut befahrbar. Immer wieder verlocken kleine Weindörfer zur Rast, ehe schließlich in Hammelburg, in der ältesten Weinstadt Frankens, das Tagesziel erreicht ist.

Weitere Informationen

Es gibt neun Verleihstationen entlang der Route Schönau–Hammelburg, auch für E-Bikes. Entlang der Strecke gibt es sechs Akku-Wechselstationen. Auskunft hierzu sowie zu Bustransfers und Tourenarrangements: Tourismus Gesellschaft Bayerische Rhön, Spörleinstr. 11, 97616 Bad Neustadt an der Saale, Tel. 09771 9 46 70, www.rhoen.de. Die 25 fahrradfreundlichen Mitgliedshotels von Bett + Bike bieten in der Bayerischen Rhön auf Wunsch auch Transfers an: www.bettundbike.de

Vor dem Radeln steht ein Blick aufs Rhönrad-Denkmal. Das Sportgerät besteht aus zwei Reifen, verbunden durch sechs Sprossen, ist 50 kg schwer und hat bis zu 2,40 m Durchmesser

Ein Dürer und Dra im Weggla

In der Liste der größten deutschen Städte belegt Nürnberg den 14. Rang. Das ist besser als der heimische Fußballklub, der sein Dasein mittlerweile ja in der zweiten Bundesliga fristen muss. Trotzdem, Vierzehnter klingt nach langweiligem Mittelmaß, das mit ein paar Weltbekannt-Attitüden wie dem Christkindlesmarkt nebst Lebkuchen und zugegebenermaßen sehr leckeren Rostbratwürsten – ihrer eben drei im Brötchen – gerne aufgehübscht wird. Eine Spurensuche nach mehr.

Kulturerlebnis in Nürnbergs Germanischem Nationalmuseum

Den Nürnberger Hauptmarkt zieren der Schöne
Brunnen und die Frauenkirche

Blick vom Wehrgang des Tiergärtnertors auf Bergstraße und Obere Schmiedgasse,
und über allem thront die Nürnberger Kaiserburg

Abendliches Leben rund um das Tiergärtnertor. Hier befindet sich auch das wieder aufgebaute Albrecht-Dürer-Haus,
wo der berühmte Künstler von 1509 bis zu seinem Tode 1528 wohnte.

Nürnberg: Die Lorenzkirche zählt zu den schönsten und größten gotischen Kirchen in Süddeutschland

„Nürnberg, Du treue, fleiß'ge Stadt, wo Dürers Kraft gewaltet, und Sachs gesungen hat."

Max von Schenkendorf
1815 in „Die deutschen Städte"

Ein sonniger Frühsommertag am Dutzendteich: Die Leute hocken auf Decken in der Wiese, kicken auf Tore, die mit Skistöcken markiert sind, eröffnen die Grillsaison, blinzeln von der Parkbank in die Sonne oder fahren Tretboot. Eine Volksparkidylle für die Nürnberger. Aber für Besucher eine Idylle mit bedrohlicher Geschichte im Hintergrund: Sie sehen weder Bikinis oder Fußball, noch Grill oder Schwanenboot. Sie sehen zunächst nur die Kulisse: das Reichsparteitagsgelände mit der Kongresshalle, dem größten erhaltenen nationalsozialistischen Monumentalbau in Deutschland, und das Zeppelinfeld, Aufmarschgelände der Nazis. „Reichsparteitagsgelände, Nürnberger Prozesse und der ganze Nazi-Mist. Ich kann es nicht mehr hören!", sagt ein junger Mann etwas harsch zu einem Touristen, der sich scheinbar erkundigen wollte. „Wie wahr, wie wahr!", pflichtet die junge Frau bei, ein Nürnberger Gewächs und „aus Zabo", wie sie hinzufügt, „das ist das Stadtviertel dort drüben. Richtig heißt's Zerzabelshof". Klingt auch irgendwie nach Platz 14 ...

„Fakt ist, Nürnberg lässt sich weder auf die Nazi-Vergangenheit noch auf sieben Zentimeter Bratwurst reduzieren. Da bin ich dann doch fränkische Patriotin!" „Sind's nun „Sieben Zentimeter"?

So heißt Jan Beinßens Nürnberger-Bratwurst-Krimi, ein Kenner der Stadt, der auch „Dürers Mätresse" nachging. Oder sind es „Neun Zentimeter", wie die Ausstellung zur berühmten Bratwurst im Stadtmuseum hieß? „Egal! Die Wurst ist auf jeden Fall groß genug, dass der Hoeneß damit gute Geschäfte macht!", meint die junge Frau „aus Zabo".

Wer oder was ist Dürer?

Womit wir bei einem ganz heiklen Thema wären: Nürnberg gilt ja als Schattengewächs, weil die bayerische Landeshauptstadt München einfach alles im Freistaat überstrahlt. „Ja, ja, das hätten die Münchner gerne, aber wer bitteschön hat die Kaiserburg, die DTM am Norisring, Rock im Park, eine Strandbar wie die da drüben, oder Dürer?" Dürer? Ein Teenager von heute weiß doch nicht mal wer oder was das ist. Na gut, die grünen Plastikhasen von Ottmar Hörl kennen alle. Sogar in Südkorea, wo sich jüngst eine Kunstausstellung mit Dürer und seinem Hasen beschäftigt hat – zu sehen waren dort knallrote, überlebensgroße Dürer-Hasen. Und außerdem ist Dürer im fränkischen Heimat- und Kunstunterricht heute auch noch unverändert Pflicht ...

„Nürnberg muss ja auch keine Großstadt wie München sein! Die Stadt ist

Nürnberg: Malutensilien (oben links) und Adam und Eva (unten links) im Albrecht-Dürer-Haus. Eisenbahngenerationen im DB-Museum (oben rechts). An der Südwestecke der Lorenzer Altstadt wurde das Königstor zum Handwerkerhof (rechts unten)

gemütlich, überschaubar, und ein Fahrrad tut's als Transportmittel", vermisst die junge Frau kurzerhand und alltagstauglich die heimelige Nürnberger Seele. Und dass Nürnberg jetzt einen eigenen „Tatort" bekommen hat, hätte gar nicht mal sein müssen. „Noch ein ‚Tatort' – das ist ja schon inflationär! Und einen hübschen Tatort-Kommissar haben wir ja auch nicht bekommen ..." Fabian Hinrichs als Kommissar wird es verschmerzen.

Dra im Weggla

Schauplatzwechsel: Am Burgberg ist an Sommerabenden immer viel los. Da ballen sich Jugendliche aus aller Welt auf Stufen und Absätzen, trinken ein Bier und verspeisen genüsslich Dra im Weggla. So bestellt sogar mancher Engländer oder Italiener die Nürnberger

> „Ohne Mussigg
> wär des Lehm
> blouß ä Irrdum."
>
> Fitzgerald Kusz, Nürnberger Mundartdichter

Bratwürste vom Grill, wenngleich vielleicht nicht mit dem echt fränkischen Akzent, also mit gg statt ck. „Allmächd!", denkt da so mancher Nürnberger, wenn er Dra im Weggla auf Texanisch hört. Wörtlich übersetzt heißt das: drei (Bratwürstchen) in einem Brötchen. So werden sie in die Hand gereicht. Wer im Restaurant bestellt, bekommt sie ab vier Stück. Zwölf gibt es dann auf dem Zinnteller in Herzform, zumindest in den Traditionsgaststätten.

Unterbelichtet? Von wegen!

Keine Frage, rund um die Kaiserburg ist Nürnberg ein kleines mittelalterliches Gesamtkunstwerk mit holperigen und abschüssigen Gassen, Fachwerkhäusern, Brunnen, dem Dürer-Haus, der Stadtmauer und natürlich der riesigen Burg. Mittelalterstimmung hin oder her, die

Ein gewollter Hauch von Florenz:
das Fürther Rathaus

Mit Blick auf die Pegnitz in Nürnberg: der spätmittelalterliche Weinstadel,
heute Studentenwohnheim

An der Wöhrderwiese in Nürnberg kann man faulenzen,
grillen, Ball spielen, Tret- und Ruderboot fahren

Mit fürstlichem Flair: Universität und Schlossgarten in Erlangen. Von Fachwerk findet man in der sympathisch-lebendigen Universitätsstadt kaum eine Spur. Zweigeschossige Mansardenhäuser prägen die barocke Innenstadt

Fürth

Special

Zeitreise

....

Sie steht immer im Schatten von Nürnberg und dennoch lohnt sich eine (U-Bahn-)Fahrt in die Kleeblattstadt Fürth, die mit 2000 Baudenkmälern die höchste Denkmaldichte in Bayern hat.

Bei dem unterhaltsamen, mit Schauspielern inszenierten Spaziergang durch die Altstadt unter dem Motto „In Fürth giebts nichts als Juden und Wirth" kommt man nicht nur an einigen dieser Bauwerke vorbei, sondern erlebt eine kleine Zeitreise durch verschiedene Epochen: Die Spaziergänger begegnen dem Fuhrknecht, der Rast macht in Fürth, und einer Magd, die ihn aufzuheitern weiß. Zwei Arbeiter philosophieren über die schweren Zeiten Anfang des vergangenen Jahrhunderts. Und ein Fürther Mädel der 1950er Jahre erzählt über ihre Wünsche und Ziele … Termine (Mai–Sept.) unter Tel. 0911 239 58 70, www.fuerth.de

Kaiserburg strahlt durch moderne und energiesparsame Beleuchtung noch heller in den Nürnberger Nachthimmel. Also, von wegen Nürnberg sei unterbelichtet! Nürnberg war die Lieblingsstadt der deutschen Kaiser. Martin Behaim schuf in dieser Stadt den ersten Globus. Und der eine oder andere meint sowieso, dass die Kaiserburg reif wäre, als Welterbe eingestuft zu werden.

Was aber bereits ohne UNESCO-Weihe und dem dann zu erwartenden größeren Rummel auffällt: Die Burg gehört den Touristen, einheimisches Leben findet nur wenig statt – mit Ausnahme von Silvester oder der Blauen Nacht, in der Licht- und Kunstinstallationen ganz Nürnberg verwandeln. So sind sie halt die Nürnberger. Internationales Publikum: ja, aber dann doch nicht zu viel, weil – wo bleibt denn sonst das Fränkische? Immer ein bisschen jammern gehört einfach dazu und entspricht der Mentalität.

Rom, Paris – Nürnberg?

Beim Spaziergang, den Burgberg hinunter, von der Sebalder Altstadt über den Hauptmarkt an der gotischen Frauenkirche vorbei, wo alljährlich das Nürnberger Christkind den Christkindlesmarkt eröffnet – den die Nürnberger übrigens genauso heiß und innig lieben wie Be-

sucher aus aller Welt – kommt man, ein paar Schritt weiter, zur Pegnitz. Dort, in der Lorenzer Altstadt, thront das Heilig-Geist Spital direkt über dem Fluss. Es ist schon lange kein Krankenhaus und Altenheim mehr. Heute werden in der Gaststube gutgläubige Touristen abgefüttert – in der Hoffnung, leckere fränkische Küche zu genießen. Am schönsten Platz einer Stadt darf man halt nie speisen. Das gilt für Rom, Paris und London genauso wie für Nürnberg.

Dabei ist Nürnberg mitnichten eine Metropole. Der Flughafen? Zu niedlich und unrentabel. Der Messeplatz? Wie der Club, ebenfalls zweite Liga, mit der Tendenz: abstiegsgefährdet – trotz Spielwarenmesse. Nein, Nürnberg ist eher eine Stadt mit Lebens- (und Besucher-) Qualität dank ihrer schönen Flecken, der netten Menschen, großer Kultur und der besten Dra im Weggla im Universum. Nämberch, horch ä mol: Du bist nicht langweilig, Du gehörst ganz sicher unter die Top-Ten in Deutschland!

NATIONALSOZIALISMUS

Sag mal, spinnst du?

Ist zu Hitler und dem Dritten Reich, seiner Partei und dem Krieg, den Ursachen für und den Folgen der Nazi-Herrschaft nicht alles schon gesagt? Ja. Und nein. Denn auch die junge Generation darf diesen schrecklichen Teil der deutschen Geschichte nicht einfach abhaken und wie den Dreißigjährigen Krieg ins Geschichtsbuch schieben. Die Nürnberger Jugendherberge hat dazu einen bemerkenswerten Ansatz.

An der Tribüne des Zeppelinfelds (links).

Monumental, weitläufig, hässlich: Die Tribünen am Nürnberger Zeppelinfeld waren Schauplatz der Nazi-Masseninszenierungen. Dort feierten sich die Faschisten selbst. „Aus der Zeppelintribüne spricht der Macht- und Herrschaftsanspruch wie aus keinem anderen architektonischen Relikt", sagt der Historiker Wolfgang Benz. Und in der Kanzel dieser Tribüne steht jetzt ein Bursche von vielleicht 16 Jahren. Seine Augen glänzen. Der Scheitel sitzt. Die Körperhaltung wirkt heroisch. Sein Blick schweift übers Gelände, erhaben, selbstbewusst. Und er sagt: „Ich kann mir das schon vorstellen, hier zu stehen, alle hören dir zu, jubeln dir zu ... Das muss schon gut sein! Egal, was man gesagt hat, die haben dir zugehört!" Er schließt die Augen, als träume er, ehe jäh aus dem Off ein barsches „Kannst du mal bitte aufhören damit!" kommt. Ein etwa gleichaltriges Mädchen stoppt den Jungen in seinen Tag- und Machtträumen, bringt eine Diskussion in Gang. In der Sprache der Jugendlichen: „Sag mal, spinnst du?" Und aus ihrem Blickwinkel: „Das ist doch kein virtueller Clip!"

Mit solchen Videos will Sigrid Natterer die unter jungen Menschen oftmals als leidiges Thema angesehene Auseinandersetzung mit diesem dunklen Kapitel in Gang bringen. Sigrid Natterer ist die Leiterin der Jugendherberge in Nürnberg. „Wir vermieten nicht nur Zimmer. Wir haben auch einen Bildungsauftrag!" Und der scheint zu gelingen. Denn die Diskussion im Multimedia-Raum wird hitzig geführt. Die kurzen, nahe an der Realität gedrehten Sequenzen als Einstieg, aber auch historische Filmausschnitte sind Diskussionsgrundlage. Die Jugendlichen begegnen der Vergangenheit direkt: durch Videos, Diskussionen, vor Ort bei eigenen Spurensuchen.

Im neuen Dokumentationszentrum auf dem Reichsparteitagsgelände können dann Aspekte vertieft werden. Die Dauerausstellung Faszination und Gewalt befasst sich mit den Ursachen und Folgen der nationalsozialistischen Gewaltherrschaft. Und die Informationstafeln auf dem vier Quadratkilometer großen Gelände geben Aufschluss über die Historie dieses einmaligen Standortes, der allerdings dringend einer Restaurierung bedarf.

Auf der Straße der Menschenrechte
(links). Im Nürnberger Dokumentationszentrum (rechts) widmet sich
die Dauerausstellung „Faszination
und Gewalt" der Geschichte des
Nationalsozialismus

„Sollen wir Hitlers steingeworde-
nen Größenwahn bewahren?", fragt
Siegfried Zelnhefer. „Warum nicht
einfach verrotten lassen?" Das von
Albert Speer entworfene Aufmarschgelände der Nationalsozialisten soll
für 75 Millionen Euro instand gesetzt
werden, auf Basis des Status quo.
Der Pressesprecher der Stadt Nürnberg antwortet suggestiv: „Das Zeppelinfeld und die Kongresshalle sind
Quellen deutscher Geschichte. Würden wir andere Quellen unserer Vergangenheit dem Verfall preisgeben?"
Nein. Es sollte für kommende Generationen ein Mahnmal bleiben.

Weitere Informationen

Dokumentationszentrum
Reichsparteitagsgelände
Bayernstraße 110
Tel. 0911 2 31 75 38
www.museen.nuernberg.de/dokuzentrum
Mo.–Fr. 9.00–18.00, Sa. und So. 10.00–18.00 Uhr

Jugendherberge Nürnberg
Burg 2
90403 Nürnberg
Tel. 0911 2 30 93 60
www.nuernberg.jugendherberge.de

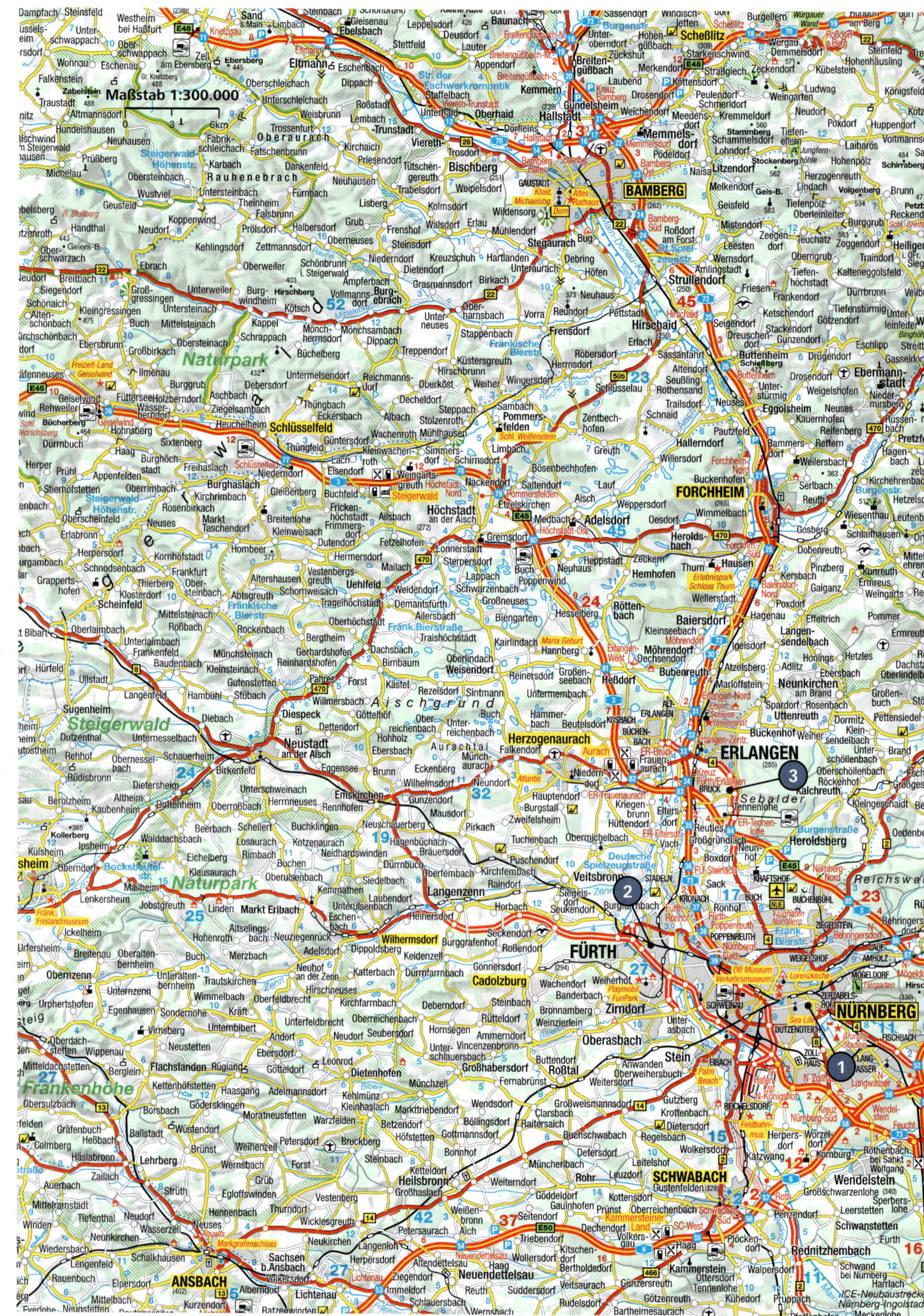

Wou Hasen Hoosn und Hosen Huusn haaßn ...

Metropolregion nennt sich Nürnberg zusammen mit Fürth und Erlangen, die nahezu ineinander verwoben sind. 1835 fuhr die erste Eisenbahn Deutschlands von Fürth nach Nürnberg. Heute verbindet die U-Bahn-Linie 1 die beiden Industrie- und Handelsstädte. Erlangen, seit 1743 Universitätsstadt, stellt mit 35 000 Studierenden die zweitgrößte Universität in Bayern.

❶ Nürnberg

Christkindlesmarkt, Reichsparteitagsgelände, aber auch das dort stattfindende Festival Rock im Park kommen zuerst in den Sinn, wenn man an Nürnberg denkt. Die 1050 gegründete Stadt ist zwar nicht die Hauptstadt des Regierungsbezirks Mittelfranken, aber mit 500 000 Einw. zweitgrößte und zweitwichtigste Stadt Bayerns. Ab dem 13. Jh. (Stadtrecht 1219) war die von der Pegnitz in Sebalder und Lorenzer Altstadt geteilte ehem. Freie Reichsstadt Handelsdrehscheibe zwischen Orient und Nordeuropa und eines der Zentren des Römisch-Deutschen Reiches. Seit 1806 gehört sie zu Bayern. 1945 wurde die nationalsozialistische Hochburg verheerend bombardiert.

SEHENSWERT

Mächtig thront die **Kaiserburg** TOPZIEL seit rund 1000 Jahren über der Stadt. Zwischen 1050 und 1571 hielten alle deutschen Könige und Kaiser dort ihre Reichstage ab. Die Nürnberger Burg mit dem weithin sichtbaren runden Sinwelturm und dem Tiefen Brunnen mit 50-Meter-Schacht gehört zu den besterhaltenen Anlagen ihrer Art.
Auch **Stadtmauer** und Tore aus dem 14. und 15. Jh. sind zum größten Teil gut erhalten. Schön ist das Hallertor an der Pegnitz, den

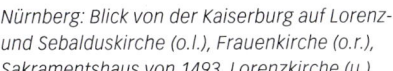
Nürnberg: Blick von der Kaiserburg auf Lorenz- und Sebalduskirche (o.l.), Frauenkirche (o.r.), Sakramentshaus von 1493, Lorenzkirche (u.)

> ### Tipp
> ## Klexi, der Hase
> ....
> Als Albrecht Dürer eines Tages malte, sprang ihm auf einmal ein Hase aus dem Pinsel. Er nannte ihn Klexi. Und dieser nette Kerl macht sich heutzutage auf, Kindern sein Nürnberg zu zeigen: von der Adler-Dampflok über die Go-Kart-Bahn und das Spielzeugmuseum bis zum Zoo. Dazu gibt es einen Kinder-Stadtplan, den die Tourist-Information kostenfrei verteilt (www.tourismus.nuernberg.de/kinder).

besten Stadtmauer-Blick aber hat man vom Fürther Tor. Zwischen Jakobstor und Färbertor sitzen hübsche Damen hinter Fenstern und warten auf Kundschaft. Am Kartäusertor geht die **Straße der Menschenrechte** ab. Auf ihr reihen sich 27 Rundpfeiler, in denen jeweils einer der Artikel der Allgemeinen Erklärung der Menschenrechte in verschiedenen Sprachen eingraviert ist. Auch der **Handwerkerhof** am Königstor ist mit Restaurants und Geschäften Teil der Stadtmauer.
Die größte Kirche der Stadt, mit zwei Türmen von 81 m, ist die **Lorenzkirche**, im 15. Jh. fertiggestellt und am Westportal am fotogensten. Auf einer der schönen Pegnitz-Brücken, der Museumsbrücke, hat man den besten Blick auf das **Heilig-Geist-Spital** (Urspr. 14. Jh.), das selbst die Pegnitz mit zwei Bögen überspannt. Fast genauso hübsch: der **Weinstadel** (14. und 15. Jh.) mit dem Henkersteg über die Pegnitz. Am **Hauptmarkt** mit der gotischen Frauenkirche (Urspr. 14. Jh.) findet der weltberühmte Christkindlesmarkt statt und dort hat auch der **Schöne Brunnen** seinen Platz

(Nachbildung, Original 1385). Am Goldenen Ring, der nahtlos verankert ist, drehen die Touristen: Das soll Glück bringen. Auch das Männleinlaufen an der **Frauenkirche** (tgl. 12.00 Uhr) wird vorwiegend von Besuchern bestaunt. Vorbei an der Sebalduskirche (13. und 14. Jh.) kommt man zum wiederaufgebauten Rathaus (Urspr. 16. Jh.), in dem Nachbildungen der Reichsinsignien sowie die historischen mittelalterlichen Lochgefängnisse zu sehen sind.

MUSEEN

Im **Albrecht-Dürer-Haus** lebte Deutschlands wohl berühmtester Maler und Kunsthistoriker (1471–1528) von 1509 bis zu seinem Tod. Es ist das einzige original erhaltene Künstlerhaus der Renaissance außerhalb Italiens (Albrecht-Dürer-Straße 39, Tel. 0911 231 25 68, www.museen.nuernberg.de/duererhaus; Di., Mi., Fr. 10.00–17.00, Do. 10.00–20.00, Sa., So. 10.00 bis 18.00, Juli–Sept. auch Mo. 10.00–17.00 Uhr).

In Nürnberg, wo Spielzeuge seit 600 Jahren eine große Rolle spielen, zeigt das **Spielzeugmuseum** alles von Barbies bis Zinnfiguren (Karlstraße 13–15, www.museen.nuernberg.de/spielzeugmuseum; Di.–Fr. 10.00–17.00, Sa., So. bis 18.00 Uhr). Das **Germanische Nationalmuseum** ist das größte kulturgeschichtliche Museum im deutschen Sprachraum – mit mehr als einer Million Exponaten von vorchristlicher Zeit bis heute (Kartäusergasse 1, www.gnm.de; Di.–So. 10.00–18.00, Mi. 10.00–21.00 Uhr). Das **Verkehrsmuseum** (DB Museum Nürnberg) ist eines der ältesten technikgeschichtlichen Museen in Europa und zeigt 30 wegweisende Eisenbahnen (Lessingstraße 6, www.dbmuseum.de; Di.–Fr. 9.00–17.00, Sa., So. 10.00–18.00 Uhr). Das **Dokumentationszentrum auf dem Reichsparteitagsgelände** ist Pflicht, wenn man sich über die Hintergründe des Nationalsozialismus in Deutschland informieren möchte (siehe Thema S. 60f.). Im Saal 600 des Nürnberger Justizpalastes wurde Weltgeschichte geschrieben: Fast ein Jahr lang standen führende Vertreter des nationalsozialistischen Regimes vor dem internationalen Gericht (**Memorium Nürnberger Prozesse,** Bärenschanzstraße 72, www.museen.nuernberg.de/memorium-nuernberger-prozesse; April–Okt. Mo., Mi.–Fr. 9.00–18.00, Sa., So. ab 10.00, sonst Mi.–Mo. 10.00–18.00 Uhr).

VERANSTALTUNGEN
Der **Christkindlesmarkt** TOPZIEL im Dez. mit Glühwein und Feuerzangenbowle, Lebkuchen und Dra im Weggla ist jedes Jahr ein vorgezogenes Weihnachtsgeschenk.
In der **Blauen Nacht** im Mai öffnen 70 Museen und Theater bis spät nachts, 250 Kunstinstallationen im Freien vervollständigen das Konzept (www.blauenacht.nuernberg.de). Rund 70 000 Besucher lockt im Juni **Rock im Park** aufs Zeppelinfeld (www.rock-im-park.com).

EINKAUFEN
Schon im 12. Jh. gab es Lebküchner in Nürnberg. Und die Elisenlebkuchen, mit mindestens 25 % Mandel- und Nussanteil, gelten bis heute

Tipp

Elfriede, das Schiff

Östlich von Nürnberg erstreckt sich das häufig vergessene Nürnberger Land mit Lauf und dem Wenzelschloss, dem ehemaligen Landsitz der Kaiser auf einer Pegnitz-Insel, oder Hersbruck, ebenfalls mit schönem Schloss. In Schwarzenbach kann man zudem auf einem Treidelschiff aus königlich-bayerischer Zeit schippern; dabei wird das Schiff von einem Pferd gezogen (Termine unter www.urlaub.nuernberger-land.de, Stichwort Treideln).

Nürnberg: Kaiserburg (o.l.), das Albrecht-Dürer-Haus (o.r.), Blick in die Lebküchnerei Fraunholz (u.)

als die besten weltweit. 18 Betriebe stellen pro Jahr rund zwei Mio. **Lebkuchen** her. Und ein paar davon sollte man auf jeden Fall kaufen …

HOTELS UND RESTAURANTS
Auf hohem Niveau nächtigt man etwas außerhalb des Zentrums im € € € / € € **Hilton** – mit der Chance neben dem gerade amtierenden Club-Trainer oder so manchem Fußballspieler auf dem Sauna-Bänkchen zu sitzen (Valznerweiherstraße 200, 90480 Nürnberg, Tel. 0911 4 02 90, www.hiltonhotels.de).
Historische Kulisse und modernes Ambiente verbindet das € € **Hotel Victoria.** Von manchen Zimmern blickt man in die Ausstellungsräume des Neuen Museums für Kunst und Design (Königstraße 80, 90402 Nürnberg, Tel. 0911 2 40 50, www.hotelvictoria.de).
Nicht ganz unumstritten, gilt das € € € € **Essigbrätlein** mit seinen zwei Michelin-Sternen dennoch als bestes Restaurant Frankens (Weinmarkt 3, Tel. 0911 22 51 31, www.essigbraetlein.de). Beste Rostbratwürste vom Grill, Schäufele oder eine Platte mit Ente, Schweinebraten, Würsten, Klößen und Kraut gibt es im € € **Bratwurst Röslein**, ein 1431 erstmals erwähntes Traditionshaus (Rathausplatz 6, Tel. 0911 21 48 60, www.bratwurst-roeslein.de).

UMGEBUNG
Stein (südw.) ist seit dem Mittelalter für seine Bleistiftmühlen bekannt; „Faber-Castell" hat dort seinen Sitz in einem schönen Schloss. Auf dem Königsplatz der „Goldschlägerstadt" **Schwabach** (südl.) steht das Rathaus mit goldenem Saal und einem goldenem Dach aus 20 000 Blatt 24-karätigem Blattgold.

INFORMATION
Tourist-Information, Hauptmarkt 18 90403 Nürnberg, Tel. 0911 2 33 60 www.tourismus.nuernberg.de

❷ Fürth

Die 120 000-Einw.-Stadt hat mit mehr als 2000 Baudenkmälern die höchste Denkmaldichte in Bayern. Der architektonische Bogen reicht von den Altstadthäusern, erbaut nach dem Dreißigjährigen Krieg, bis zu Gründerzeit und Jugendstil. Bundeskanzler Ludwig Ehrhard (1897 bis 1977) wurde hier geboren, Max Grundig gründete 1930 hier seine Radiofirma.

SEHENSWERT
Das klassizistische **Rathaus** (bis 1850), dem Palazzo Vecchio in Florenz nachempfunden, ist zwar mit seinem 55 m hohen Turm das Wahrzeichen der Stadt, doch der **Grüne Markt** mit seinen wunderschönen Gebäuden spiegelt die abwechslungsreiche 1000-jährige Geschichte besser wider. Sehr schön sind auch die Gebäude in der **Gustavstraße**. Ältestes Bauwerk ist die **St.-Michaelis-Kirche**, die bis ins 12. Jh. zurückgeht. Gründerzeit spiegelt sich auf der Prachtstraße **Hornschuhpromenade** – auf dem heutigen grünen Mittelstreifen fuhr 1835 die erste deutsche Eisenbahn.

MUSEUM
Im **Rundfunkmuseum** geht es vom „Volksempfänger" bis zum Fernsehen der Gegenwart (Kurgartenstraße 37, www.rundfunkmuseum.fuerth.de; Di.–Fr. 12.00–17.00, Sa. und So. 10.00–17.00 Uhr). In Fürth entstand im 17. Jh. das größte jüdische Gemeinwesen Südeutschlands. Die Geschichte und Kultur der Juden einst und jetzt dokumentiert das **Jüdische Museum Franken**, (Di.–So. 10.00–17.00 Uhr, Königstraße 89, www.juedisches-museum.org). 2018 wird der Erweiterungsbau eröffnet.

VERANSTALTUNG
Michaeliskirchweih Ende Sept./Anf. Okt. Ein cooles Event ist das **Internationale Klezmer Festival**. Es findet alle zwei Jahre im März statt, in den Zwischenjahren gibt es ein **Klezmer-Intermezzo** (www.klezmer-festival.de).

HOTEL UND RESTAURANT
Im € € **PrimaVeraParco** werden in freundlichem, sehr persönlichen Ambiente Gäste aus aller Welt beherbergt (Waldstr. 44, Tel. 0911 81 00 30, www.parco.hotel-primavera.de).

Die € € **Kofferfabrik** ist zugleich Theater und Galerie, Kneipe und Konzertraum (Lange Straße 81, Tel. 0911 70 68 06, www.kofferfabrik.cc).

UMGEBUNG
Für Kinder ein Paradies: der Playmobil-Funpark im nahen **Zirndorf** (Brandstätterstraße 2, www.playmobil-funpark.de; Mai–Anf. Nov. tgl. 9.00–18.00/19.00 Uhr).

INFORMATION
Tourist-Information
Bahnhofplatz 2, 90762 Fürth
Tel. 0911 2 39 58 70, www.fuerth.de

③ Erlangen

Mit 105 000 Einw. ist die ehem. barocke Residenz Erlangen kleinste der acht bayerischen Großstädte, jeder dritte Bürger ist Student.

SEHENSWERT
Zentrum sind der Marktplatz mit dem barocken Kulturzentrum Palais Stutternheim (bis 1730) und der Schlossplatz mit dem **Markgräflichen Schloss** (bis 1704), in dem seit 1825 die Friedrich-Alexander-Universität ihren Sitz hat. Östl. erstreckt sich der schöne Schlossgarten mit der Orangerie (auch Universitätsinstitute). Gleich daneben: Süddeutschlands letzte bespielte Barockbühne, das 1719 eröffnete Markgrafentheater. Etwas außerhalb lohnt am Burgberg der **Skulpturengarten** mit skurrilen Plastiken von Heinrich Kirchner.

MUSEUM
Medizintechnik ist das Thema des **Siemens MedMuseums.** Es geht um Entwicklungen aus mehr als 160 Jahren (Gebbertstraße 1, Di. bis Sa. 10.00–17.00 Uhr, www.siemens.de/medmuseum).

VERANSTALTUNG
Zu Pfingsten findet am Burgberg die in ganz Bayern bekannte **Bergkirchweih** statt.

EINKAUFEN
Herzogenaurach (6 km westl.) wird meist wegen der Sport-Outlets der Firmen Adidas und Puma (http://de.puma.com) besucht.

RESTAURANT
Für das € € € € **Gasthaus Polster** lohnt ein Ausflug nach Kosbach: Dort gibt es Haute Cuisine mit fränkischem Charme (Am Deckersweiher 26, Tel. 09131 7 55 40, www.gasthaus-polster.de).

UMGEBUNG
In **Bubenreuth** ist im Geigenbaumuseum die kleinste spielbare Geige der Welt zu bestaunen (Rathaus, Birkenallee 51, www.bubereutheum.de; So. 14.00–17.00 Uhr).

INFORMATION
Tourist-Information, Rathausplatz 3
91052 Erlangen, Tel. 09131 8 95 10
www.erlangen-marketing.de

Genießen   Erleben   Erfahren

DuMont Aktiv

Einmal Club, immer Club

Hier regiert der 1. FCN: So steht es in großen Lettern am heimischen Grundig-Stadion. Der Club, wie ihn alle kurz nennen, ist ein Traditionsverein – mit großen Sorgen. Trotzdem ist ein Besuch eines Fußballspiels im Stadion und ein Gang durchs Museum etwas besonderes.

Der Wanner heißt heute zwar Gutmann. Aber Club-Fans, die keine Karten mehr bekommen haben oder die immer die gleichen Gesichter treffen wollen, die gehen zum Wanner, direkt am Dutzendteich – natürlich in weinroten Trikots. Erst gibt es sechs oder neun Rote Zipfel zum Hellen vom Fass. Und dann schauen sie sich beim Public Viewing ihren Club an, wie er sich schwer tut – allerdings nicht mehr wie früher mit Kalibern wie den Bayern, Schalke oder Dortmund. Heutzutage mühen sie sich ab gegen Heidenheim, Sandhausen oder Aue. Wobei Manuela Schwab sagt: „Ich habe die Liebe zum Club noch nie bereut." Sie ist seit 1991 Club-Fan, immer Nordkurve, Block 8, und sie war im Alter von zwei Jahren das erste Mal im Stadion, „mit meinem Opa".

Der Club, 1900 gegründet und mit heute noch 15 000 Mitgliedern, hatte goldene Zeiten: Mit neun Deutschen Meisterschaften war er mehr als 60 Jahre lang Rekordmeister, bevor 1987 der FC Bayern übernahm. Max Morlock gehörte zur Weltmeistermannschaft von 1954. Jetzt zählt der Club zu den Fahrstuhlmannschaften, die gelegentlich mal wieder aufsteigen. Den Fans im Wanner und im Stadion scheint es egal zu sein.

Weitere Informationen

Club-Museum des 1. FC Nürnberg
Valznerweiherstraße 200
90480 Nürnberg

Tel. 09 11 94 07 91 00
www.fcn.de/club/club-museum
Mo.–Fr. 9.00–12.30 und 13.30–17.00 Uhr

„Das Beste an einem Spieltag ist einfach das ganze Drumherum, hier im Stadion, das Gefühl, der Club, das ist richtig klasse …!", sagen die Fans.

Real, surreal, aber immer romantisch

Mal abgesehen vom Münchner Oktoberfest und Frankfurter Flughafen, vom Brandenburger Tor und Schloss Neuschwanstein bestimmt ein Puppenstubenstädtchen Deutschlands Bild in der Welt: Rothenburg ob der Tauber, Inbegriff für Romantik und heile Welt. Doch Welterbestätte wurde der Limes. Auf Knopfdruck eine Stadt zum Leuchten bringen, das lässt sich einzig und allein in Dinkelsbühl machen.

Konzert der US-amerikanischen „Ambassadors of Music" vor Rothenburgs Rathaus auf dem Marktplatz

Rothenburgs Marktplatz säumen die Marien-Apotheke aus dem 15. Jahrhundert, der wiederaufgebaute Doppelbau des Rathauses mit Rathausturm und die 1466 errichtete ehemalige Ratstrinkstube

Vor Ansbachs Residenz wartet „Anscavallo" auf Bewunderer. Die Pferdeplastik (1993) ist ein Werk des Bildhauers Jürgen Goertz und eines der Wahrzeichen der Stadt

Rothenburgs Ausgang nach Norden: Klingentor und Röderbrunnen

Zwischen Röder- und Galgentor steht die nach Kriegszerstörung neuerbaute Gerlachschmiede, eines der schönsten Fachwerkhäuser Rothenburgs

Romantisch, was ist das nur? Jenseits von literatur- und kunsthistorischen Definitionen kommt das Bild von Rothenburg ob der Tauber einer Antwort sicherlich nahe: verschachtelte Gässchen, gepflasterte Plätze, verwunschen windschiefe Fachwerkhäuser, die mächtige Stadtmauer mit mittelalterlichen Türmen. Das ist Romantik – zumindest für viele. „Wo Märchen wahr werden", verspricht eine Rothenburg-Broschüre und auf Englisch: „Romantic but real!" Der Rothenburger Nachtwächter Hans Georg Baumgartner sagt: „Romantik bedeutet für mich: Nach meiner letzten Runde allein Richtung Klingentor zu meinem Haus im Fuchsengässchen zu gehen. Das könnte sich auch vor 500 Jahren so angefühlt haben." Dabei kam die Romantik erst im 18. Jahrhundert auf. Wohl kein Rothenburger im Mittelalter fand die Stadtmauer romantisch. Sie diente dem Überleben, als Schutzwall gegen Angreifer und die Pest. Und es war sicherlich auch nicht romantisch, durch die Galgengasse zum Galgentor gehen zu müssen ...

„Für Amerikaner und Japaner ist das hier Deutschland", geht Heinz Heß einen Schritt weiter. In seinem Souvenirshop verkauft er seit über 25 Jahren alles, was irgendwie mit Germany zu tun hat. Zwei Millionen Besucher drängen sich

jährlich durch die Gassen – in einem Ort mit gerade einmal 11 000 Einwohnern! Die Hälfte der Besucher kommt aus dem Ausland, denn in Rothenburg kann man „mit der Zeitmaschine ins Mittelalter" reisen, wie die Touristenbroschüre weiter vollmundig ankündigt. Ein Städtchen als ein Stück Vergangenheit in der Gegenwart: mit barfüßigen Kindern, die sich beim Hufeisenwerfen messen. Mit Verkäuferinnen, die in ganzjährig geöffneten Weihnachtsgeschäften Tracht tragen. Mit einem kostümierten Nachtwächter, der mit Besuchern seine Runden zieht und Anekdoten zum Besten gibt: „Ein Nachtwächter konnte damals sein schmales Salär aufbessern, wenn er in bestimmten Situationen an Sehstörungen litt ..." Das bringt Gelächter, aber auch Platz vier auf der Liste der hundert beliebtesten Sehenswürdigkeiten für ausländische Touristen in Deutschland – hinter Schloss Neuschwanstein, laut jüngster Umfrage der Deutschen Zentrale für Tourismus.

Lebendiges Museum
Keine Stadt zwischen Lübeck und Garmisch strömt so eine Puppenstubenatmosphäre aus und glänzt nebenbei mit großer Kultur. In St. Jakob bestaunt man den Heilig-Blut-Altar von Tilman Riemenschneider, auf der Wehr- und Stadt-

mauer geht man spazieren. Der Plönlein gilt als malerischster Platz, während das historische Rathaus mit Glockenturm und Meistertrunk-Uhr lockt. Dabei darf eines nicht vergessen werden: Trotz der strikten Denkmalschutz-Vorschriften sind wir „kein Mittelalterfreizeitpark, sondern eine Stadt mit richtigen Bewohnern und den üblichen Sorgen und Nöten", sagt der Nachtwächter, der seit gut 25 Jahren seinen Dienst verrichtet und im Winter gerne in Thailand Urlaub macht. „Viele Leute wundern sich, dass Rothenburg bisher noch nicht auf der Weltkulturerbeliste steht", sagt hingegen Oberbürgermeister Walter Hartl. Beworben hat sich Rothenburg mit seinem mittelalterlichen Altstadtensemble, den Zuschlag erhielt aber der 550 Kilometer lange Limes als herausragendes archäologisches Geländedenkmal.

Bollwerk gegen die Germanen
Der Grenzwall der Antike war einst die römische Reichsgrenze und wurde erst als Pallisade errichtet, später im zweiten Jahrhundert als Mauer ausgebaut. Zu den Limes-Anlagen gehörten 60 Kastelle, hundert kleinere Befestigungen sowie 900 Türme. Und eigentlich gäbe es schon wieder die Möglichkeit für eine Zeitreise, nur diesmal in die Zeit der Römer. Aber zu sehen von Frankens 158 Limes-Kilo-

Der Große Brombachsee hat sich zu einem beliebten Wassersportrevier gemausert.
Der Stausee zählt zu den größten Talsperren Deutschlands

Ein bajuwarischer Hauch von Lago Maggiore: der Kleine Brombachsee. Zusammen mit dem Großen
Brombachsee und dem Ingelsbachsee bildet er das Zentrum des Fränkischen Seenlands

Oberhalb von Eichstätt schlängelt sich die Altmühl durch ein von ihr tief eingegrabenes Tal:
Zwölf-Apostel-Felsen zwischen Solnhofen und Eßlingen

Auf dem Drahtesel vorbei am Altmühlsee. Ein zwölf Kilometer langer Radweg macht seine
Umrundung zum Vergnügen

metern ist, abgesehen von ein paar ver-
fallenen Mauern in einigen Gemeinden,
leider nicht mehr viel. Bei Mönchsroth
und Kipfenberg wurden Wachtürme aus
Holz, Kastelle oder Dämme nachgebaut.
Denn als Marketinginstrument taugt das
Welterbe allemal. Es gibt sogar eine Li-
meskönigin, Lena Kackstetter aus Kipfenberg, und ein Limesfest seit immerhin schon fast 50 Jahren.

Dinkelsbühl und die Kinderzeche

Große Tradition hat auch Dinkelsbühl,
das einem ein bisschen vorkommt wie
ein Rothenburg für Kinder. Alles ist im
Wortsinn kleiner, selbst die Historie
zeigt sich eng verbunden mit Kindern.
Während des Dreißigjährigen Krieges
zogen sie den angreifenden schwedi-

> „Die Stadt ist alt,
> aber reichlich
> und hat zwei Wälle.“
>
> Johann Wolfgang von Goethe
> über Dinkelsbühl

schen Soldaten entgegen und flehten um
Gnade. Um der kleinen Lore mit ihren
Zöpfen willen, verschonte der Obrist die
Stadt, plünderte und zerstörte sie nicht.
Eine rührende Geschichte, die jedes Jahr
beim Historienspiel „Kinderzeche“ in
Szene gesetzt wird. Und – nur wenige er-
staunt es: Es war ein Dinkelsbühler, der
Priester und Heimatdichter Christoph
von Schmid, der das Weihnachtslied
„Ihr Kinderlein kommet“ geschrieben
hat.

Es werde Licht

Auch in Dinkelsbühl fragen sich manche
Besucher, ob die schnuckeligen Häus-
chen denn auch wirklich bewohnt seien?
Dinkelsbühl wirkt weniger gekünstelt
und weniger kitschig als Rothenburg.
Vielleicht weil die Stadt weitgehend
unbeschadet durch den Zweiten Weltkrieg gekommen ist, während der Rivale
bei Bombenangriffen ein Drittel der ur-

Im Dinkelsbühler Münster St. Georg (oben links). Im Haus der Geschichte wird die Vergangenheit der früheren Reichsstadt Dinkelsbühl nachgezeichnet

Im Südosten Dinkelsbühls reihen sich wie eh noch die Mauertürme. Das älteste Stadttor, das Wörnitztor, stammt aus dem 13. Jahrhundert

Den Dinkelsbühler Weinmarkt säumt mancher Prachtgiebel. Gegenüber der Münsterkirche sind die wohl schönsten fünf zu sehen

sprünglichen Altstadt verlor? „Ja, die meisten Häuser sind bewohnt," sagt eine Stadtführerin vor einer Gruppe Touristen. „Und in vielen Häusern wird immer noch gearbeitet, wie in diesem 500 Jahre alten Patrizierhaus." Einer ihrer Gäste wirft ein: „Bei uns in Chicago schauen die Kinder Disney im Fernsehen an und hier leben die Menschen in einer Disney-Welt. Phantastisch!" Gott behüte, scheint da die Gästeführerin zu denken, ist aber besucherfreundlich genug, um nur ein wenig gequält zu lächeln ... Das wird wohl auch Hanns Bauer in besagtem Patrizierhaus tun. Seine verwinkelte Buchhandlung „Zum Grünen Baum" ist seit 200 Jahren im Familienbesitz. Jetzt

kämpft der tapfere, über 80-Jährige gegen Internetgiganten wie Amazon – aber wie lange noch?

Je länger man in Dinkelsbühl verweilt, desto entspannter nimmt man den Ort. Und desto mehr entdeckt man. Unter anderem nachts einen kleinen Automaten an der Schranne: Für vier Euro strahlen Scheinwerfer die Sehenswürdigkeiten der Stadt für eine Stunde an. Es ist ganz persönlich und dennoch für alle. Es ist ein bisschen wie Weihnachten, nur eben im Sommer. Wenn das nicht romantisch ist ...

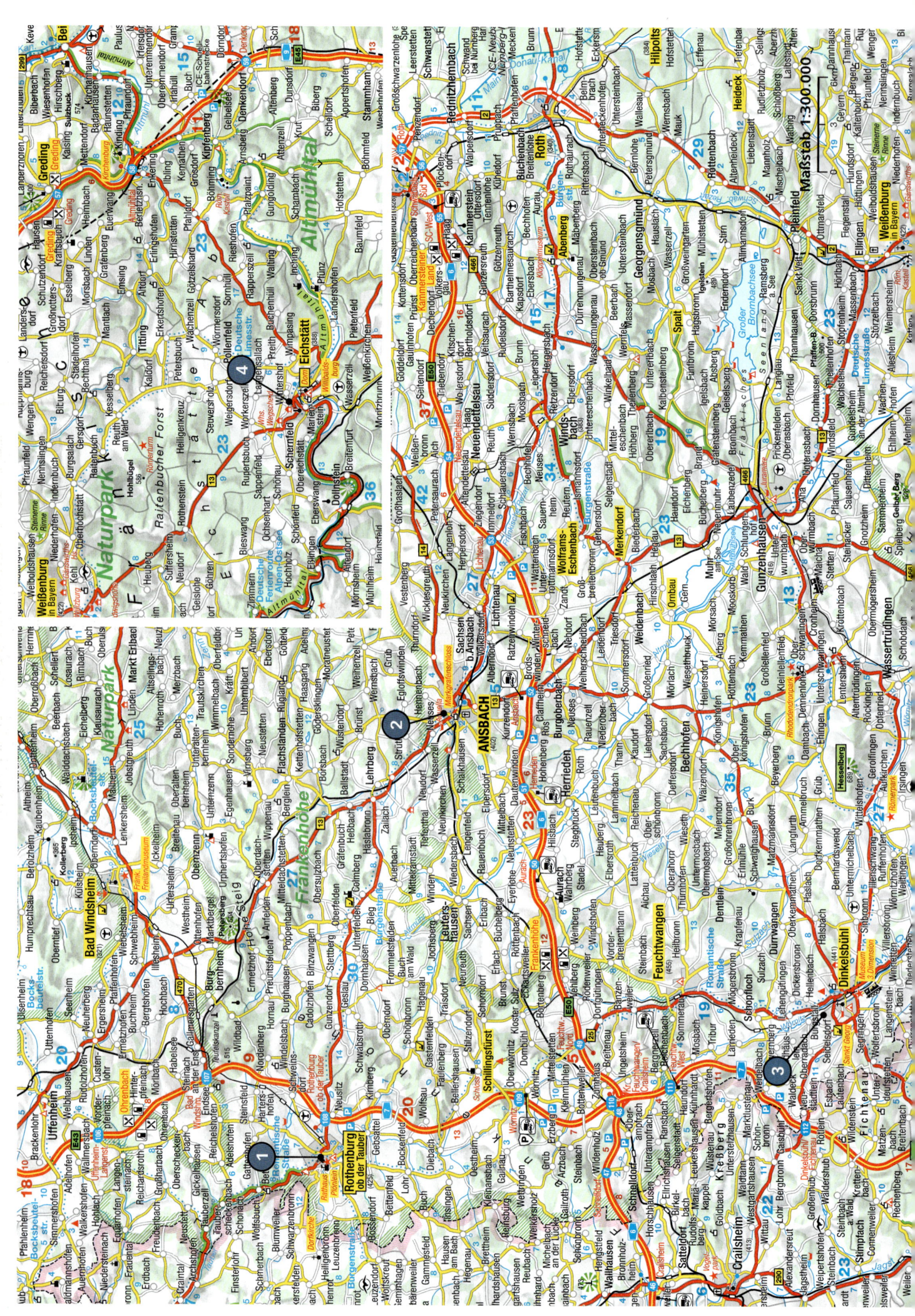

Klischeebilder im Doppelpack

Zwischen Rothenburg ob der Tauber und Dinkelsbühl erstreckt sich ein Teilstück der Romantischen Straße. Und unweit von Dinkelsbühl verläuft die Befestigungslinie des Limes. Ob nun Welterbe oder nur Fast-Weltkultur: Diese Gegend ist ein ganz starkes Stück Franken.

① Rothenburg

Im Mittelalter war Rothenburg (heute 11 000 Einw.) Freie Reichsstadt (ab 1274). Im Dreißig-jährigen Krieg wurde sie von Graf von Tilly ein-genommen. Seit 1803 gehört sie zu Bayern. In der Weimarer Republik entwickelte sie sich zu einer Hochburg der NSDAP mit bis zu 83 % Stimmenanteil. Im Zweiten Weltkrieg wurde ein Drittel der Bausubstanz zerstört oder stark be-schädigt. Später wurden die Gebäude aber wieder originalgetreu aufgebaut oder saniert. Von der Anhöhe Reutsachser Steige westl. Rothenburgs sieht man die gesamte Altstadt, ein Anblick, der Händler und Pilger schon Jahr-hunderte beeindruckt hat.

SEHENSWERT

Das **Altstadtensemble,** vorwiegend aus dem 12. bis 14. Jh., mit fast vollständig erhaltener und zum Großteil begehbarer Stadtmauer (12. bis 16. Jh.) sowie mit 40 Türmen und 700 denkmalgeschützten Gebäuden, ist für viele das Idealbild einer mittelalterlichen Stadt. Am **Klingentor** im Norden, ehem. Wasserturm, kann man seinen Weg auf der **Stadtmauer** beginnen. An dieser Stelle weiß man, warum Rothenburg den Zusatz ob der Tauber trägt:

Rothenburg-Blick von der Reutsachser Steige (oben), Heilig-Blut-Altar von Tilman Riemen-schneider in der Kirche St. Jakob (rechts)

Vom Turm zum Taubergrund sind es 80 Höhen-meter. Dort liegt auch das hübsche **Toppler-schlösschen** (1388). Im **Burgtor** erweisen sich zwei Hinterlassenschaften als aufschluss-reich: Die Öffnung, durch die heißes Pech auf Angreifer gekippt wurde, und das Nadelöhr, ein Durchstieg für nur eine Person, damit nicht das ganze Tor geöffnet werden musste, was nachts gefährlich war. 200 m vor dem **Kobolzeller Tor** stößt man auf die **Kirche St. Jakob**, über zwei Jahrhunderte erbaut und 1485 einge-weiht; zu sehen sind v. a. der Heilig-Blut-Altar von Tilman Riemenschneider (1504) und die Orgel mit 5500 Pfeifen. Gleich beim Tor liegt das **Plönlein TOPZIEL** an einem dreieckigen Platz, der als malerischster in Rothenburg gilt: mit sich verengendem Fachwerkhaus und dem **Siebersturm** im Hintergrund. Den südl. Ab-schluss der Stadtmauer markiert das Festungs-werk **Spitalbastei** mit zwei Zwingern und sie-ben Toren. Am **Rödertor** im Osten findet sich die Gerlachschmiede, eines der schönsten Fachwerkhäuser der Stadt, in dem noch bis in die 1970er Jahre ein Schmied seine Arbeit ver-

richtete. Das letzte Stadttor ist schließlich das **Galgentor** …

Innerhalb der Stadtmauer ragen das histori-sche **Rathaus** (13. Jh.) und der Glockenturm mit Aussichtsplattform sowie die Meister-trunk-Uhr heraus, die zwischen 11.00 und 15.00 sowie 20.00 und 22.00 Uhr die Ge-schichte des „Meistertrunks" mit Figuren bei-derseits von der Uhr darstellt. Die Legende be-sagt, dass der protestantische Bürgermeister Nusch mehr als drei Liter Wein in einem Zug trinken musste, damit der katholische General Tilly, der die Stadt eingenommen hatte, nicht plündern und brandschatzen lassen würde. Aber auch **Markusturm** und **Röderbogen** gehören zu den fotogensten Motiven der Stadt.

MUSEEN

Im **Kriminalmuseum** kann man sich Schauer-lichkeiten ansehen und erfahren, unter wel-chen rechtlichen Verhältnissen die mittelalter-lichen Menschen leben mussten; denn schon Kleinigkeiten führten zu drakonischen Strafen

---

Tipp

Hört, ihr Leut!

Beim Rundgang mit dem Nachtwächter marschiert der Laternenmann im Som-mer ab 21.30 Uhr eine Stunde lang durch die gepflasterten Gassen und er-zählt von Bauten, Stadtgeschichte und Traditionen .

WEITERE INFORMATIONEN

März–Weihnachten, Treffpunkt 21.30 vor dem Rathaus, um 20.00 Uhr Rund-gang in englischer Sprache
www.nightwatchman.de

(Burggasse 3, www.kriminalmuseum.rothen
burg.eu; April–Okt. tgl. 10.00–18.00, Nov.–März
13.00–16.00 Uhr). Die 800-jährige Geschichte
der Stadt vermittelt das Reichsstadtmuseum,
zu sehen sind hier unter anderem Kunsthand-
werk, Malerei und Skulpturen (Klosterhof 5,
www.reichsstadtmuseum.rothenburg.de; April–Okt. 9.30–17.30, ansonsten 13.00–16.00
Uhr.) Im **Handwerkerhaus** von 1270 zeigen
elf originale Räume, wie ein Handwerker mit
seiner Familie lebte und arbeitete (Alter Stadt-
graben, www.alt-rothenburger-handwerker-
haus.de; Ostern–Okt. Mo.–Fr. 11.00–17.00, Sa.
und So. 10.00–17.00, 1. Advent bis 7. Jan.
14.00–16.00 Uhr, sonst geschl.).

AKTIVITÄTEN
Ein schöner **Spaziergang** führt auf markiertem
Weg durchs Taubertal von der Fuchsmühle bis
zur Steinmühle an der Doppelbrücke vorbei.

VERANSTALTUNGEN
An Pfingsten wird der **Meistertrunk** mit Fest-
spiel und Heeresumzug gefeiert. Im September
beim **Reichsstadtfest** zeigt sich halb Rothenburg in historischen Gewändern.

HOTELS UND RESTAURANTS
Am schönsten wohnt es sich in der Altstadt in
einem historischen Gebäude wie dem € € €
Eisenhut (Herrngasse 3, Tel. 09861 70 50,
www.eisenhut.com) oder dem verspielten € €
BurgGartenpalais (Herrngasse 26, Tel. 09861
8 74 74 30, www.burggartenpalais.de).
€ € € € **Die Blaue Sau** in einem romantischen
Gewölbekeller wird für ihre Grillspezialitäten
gelobt (Vorm Würzburger Tor 7, Tel. 09861
94 54 30, www.blauesau.eu).
Bei Familie Rippstein im € **Gasthof zum Och-
sen** geht es deutlich günstiger, aber auch nicht
viel schlechter zu (Galgengasse 26, Tel. 09861
67 60, www.gasthof-ochsen-rothenburg.de).
Für Schleckermäuler lohnt ein Gang zur € **Kon-
ditorei Friedel**, wo wie im Mittelalter Rothenburger Schneeballen und Tauberkugeln verkauft werden (www.original-rothenburger-
tauberkugeln.de).

UMGEBUNG
Die **Burg Colmberg** (25 km östl.) gehört mit
ihrem markanten Rundturm zu den schönsten
erhaltenen Burgen in Franken und ist rund
1000 Jahre alt (Hotel und Restaurant, www.
burg-colmberg.de).

INFORMATION
Tourismus-Service,
Marktplatz 2
91541 Rothenburg ob der Tauber
Tel. 09861 40 48 00
www.tourismus.rothenburg.de

➋ Ansbach

Die Hauptstadt Mittelfrankens (40 000 Einw.)
war im 18. Jh. eine der prachtvollsten Residenzen in Süddeutschland, aber auch Kaspar-Hau-
ser-Stadt und glänzt mit fränkischem Rokoko

*Ansbachs Schlossgarten mit Orangerie (links);
Im Römerkastell Weißenburg (rechts)*

SEHENSWERT
Die **Markgräfliche Residenz** TOPZIEL mit
Spiegelkabinett und Kachelsaal mit Fliesen der
ortsansässigen Manufaktur ist sicherlich der
Höhepunkt (Promenade 27, Tel. 0981 9 53 83 90;
April–Sept. Di.–So. 9.00–18.00, sonst Di.–So.
10.00–16.00 Uhr). Dazu kommt die Orangerie
im Hofgarten. Unter den Kirchen fällt **St. Gum-
bertus** (11., 16. und 18. Jh.) mit drei Türmen
auf: Sie ist das Wahrzeichen der Stadt.

MUSEUM
Im **Markgrafen-Museum**, angesiedelt in ei-
nem Gebäude des 14.–18. Jh.s, ist die Kaspar-
Hauser-Abteilung hervorzuheben; sie geht den
diversen Theorien über die Abstammung des
berühmten Findelkindes nach (Kaspar-Hauser-
Platz 1, Mai–Sept. tgl. 10.00–17.00, sonst Di. bis
So. 10.00–17.00 Uhr).

VERANSTALTUNG
Rokoko-Festspiele finden jedes Jahr im Juli
(www.rokoko-festspiele.de) statt.

HOTEL UND RESTAURANT
Wenn Ansbach, dann Rokoko: € € **Schwarzer
Bock** (Pfarrstraße 31, 91522 Ansbach, Tel.
0981 42 12 40, www.schwarzerbock.com).
Einfach, aber gut, das € € **Bratwurst-Glöckle**
in der Innenstadt (Uzstraße 4, Tel. 0981
4 66 11 11, www.bratwurst-gloeckle.com).

UMGEBUNG
Wolframs-Eschenbach (20 km südöstl.) gilt
als vermutlicher Geburtsort des mittelalterlichen „Parzival"-Dichters Wolfram von Eschen-
bach. Die Stadt nennt sich erst seit dem 20. Jh.
so und bietet ein sehr schönes Stadtbild, von
Türmen und Toren, der Stadtmauer und vielen
Fachwerkhäusern geprägt. **Roth** ist bei Ext-
remsportlern weltweit bekannt für den im Juli
stattfindenden Triathlon. Er gehört zu den
längsten der Welt mit 3,8 km Schwimmen, 180
km Radfahren und 42 km Laufen. **Gunzenhausen** ist der zentrale Ort im **Fränkischen
Seenland**. Die wichtigsten Gewässer von
Menschenhand sind Altmühl-, Brombach- und
Rothsee. In Allmannsdorf am Großen Brombachsee erläutert das Infozentrum Fränkisches
Seenland die Hintergründe des gewaltigen
Wasserbauprojekts (Mandlesmühle; Mai–Sept.
tgl. 10.00–16.00 Uhr). Touristisch ist das Seenland dank seiner Freizeit- und Sportangebote
mittlerweile ein Riesenerfolg (siehe auch Du-
Mont Aktiv S. 77). Südöstl. liegt **Weißenburg**

mit seinem Kastellgelände (Römermuseum
voraussichtlich bis 2017 geschl.).

INFORMATION
Amt für Kultur & Tourismus
Johann-Sebastian-Bach-Platz 1
91522 Ansbach, Tel. 0981 5 12 43
www.ansbach.de

➌ Dinkelsbühl

Sein geschlossenes mittelalterliches Altstadt-
Ensemble macht die 12 000-Einw.-Stadt
(Reichsstadt 1274–1802) zum Konkurrenten für
Rothenburg ob der Tauber.

SEHENSWERT
Wie Rothenburg wird das Zentrum von einer
sehr gut erhaltenen **Stadtmauer** (13.–15. Jh.)
umgeben. 18 Türme zeichnen eine markante
Silhouette. Am schönsten ist die **Turmparade**
TOPZIEL beim Blick von Süden mit Salwarten-
turm, Krugsturm, Hertelsturm, Hagelsturm und
Weißem Turm. Schön sind auch das Nördlinger
Tor mit der Stadtmühle, der Bäuerlinsturm,
Wahrzeichen der Stadt mit Fachwerkoberge-
schoss, das Wörnitz-Tor, ältestes der vier
Stadttore, und im Norden der Faulturm mit
Parkwächterhäuschen und Weiher.
Im Zentrum ragt das spätgotische **Münster
St. Georg** (15. Jh.) mit romanischem Turm auf.
Der Turm kann bestiegen werden. Der **Wein-
markt** bietet fünf prächtige Giebelhäuser aus
dem 16. und 17. Jh.; vom **Deutschen Haus**
(um 1600) grüßt Bacchus, der Gott des Weines.
Und an der Schranne, dem historischen Korn-
speicher, kann man aus der Nacht den Tag
machen – mittels eines kleinen Automaten an
der Schranne, wenn die reguläre Stadtbeleuch-
tung gegen 23.00 Uhr abgeschaltet ist. Die
Spitalanlage (15. Jh.) beherbergt u.a. das Landestheater.

MUSEUM
Im **Alten Rathaus** (Urspr. um 1490) befindet
sich das Haus der Geschichte, das Dinkelsbühls Vergangenheit zwischen Krieg und Frie-
den dokumentiert (Mai–Okt. Mo.–Fr. 9.00 bis
18.00, Sa. und So. 10.00–17.00, sonst tgl.
10.00–17.00 Uhr).

VERANSTALTUNG
Im Juli wird nachgestellt, wie im Dreißigjährigen Krieg die Kinder der Stadt den angreifen-

den schwedischen Soldaten entgegen liefen und (natürlich erfolgreich) um Gnade flehten – was eine rührende Geschichte ergibt. Diese **Kinderzeche** wird vor dem Alten Rathaus und dem nahen Wörnitztor inszeniert.

HOTEL UND RESTAURANT
Im € **Gasthof Zum Goldenen Anker** fühlt man sich schlicht wohl. Die Zimmer sind verwinkelt, das Essen ist bodenständig fränkisch mit leicht schwäbischem Einschlag (Untere Schmiedgasse 22, 91550 Dinkelsbühl, Tel. 09851 5 78 00, www.goldener-anker-dkb.de).

UMGEBUNG
Feuchtwangens (15 km nördl.) Zentrum um den Marktplatz mit dem klassizistischen Rathaus (1817) und einem Röhrenbrunnen (1725) wird noch von Fachwerk bestimmt. Ein Kleinod ist der Kreuzgang der romanisch-gotischen Stiftskirche (Urspr. 12. Jh.). In **Mönchsroth** (südl.) finden sich noch Reste des Limes und Rekonstruktionen, wie etwa ein Wachturm.

INFORMATION
Touristik-Service
Altrathausplatz 14, 91550 Dinkelsbühl
Tel. 09851 90 24 40, www.dinkelsbuehl.de

❹ Eichstätt

Anmutig, katholisch und barock: So lässt sich der bald 1300-jährige Bischofssitz mit seinen knapp 15 000 Einw. charakterisieren. Nach schwersten Zerstörungen im Dreißigjährigen Krieg wurde die Stadt barock wiederaufgebaut.

SEHENSWERT
Die ab 1700 entstandene **Fürstbischöfliche Residenz** mit Spiegelsaal (Residenzplatz 1, Mo.–Fr. 7.30–12.00, Mo.–Mi. 14.00–16.00, Do. 14.00–17.30 Uhr), der teilw. barockisierte Dom (13.–15. Jh.) und die Renaissance-**Willibaldsburg**, 1355 begonnen, aber erst 1725 fertiggestellt, sind die touristischen Höhepunkte im beschaulichen Städtchen mit seiner barock geprägten Altstadt. Das **Jura-Museum** bietet Erstaunliches, etwa den Urvogel Archaeopteryx oder den Juraventor, Europas besterhaltenen Raubsaurier (Willibaldsburg, www.jura-museum.de; April–Sept. tgl. 9.00–18.00, sonst tgl. 10.00–16.00 Uhr).

HOTEL UND RESTAURANT
In einer Domstadt nächtigt man stilgerecht im € **Kloster St. Walburg**, wo man auch am Klosterleben teilnehmen kann (Walburgiberg 6, 85065 Eichstätt, Tel. 08421 9 88 70, www.abtei-st-walburg. de).
Der elegante € € € € **Domherrnhof** in einem Rokoko-Gebäude ist die Nummer eins der Stadt und bietet klassische Küche (Domplatz 5, Tel. 08421 61 26, www.domherrnhof.de).

INFORMATION
Tourist-Information, Domplatz 8
85072 Eichstätt, Tel. 08421 600 14 00
www.eichstaett.de

Genießen   Erleben   Erfahren

Sieben auf einen Streich

DuMont Aktiv

Segeln oder Surfen, Schwimmen, Kanu fahren, Radeln und Spazierengehen: Das Fränkische Seenland bietet jede Menge Kalorienkiller zum Ausprobieren.

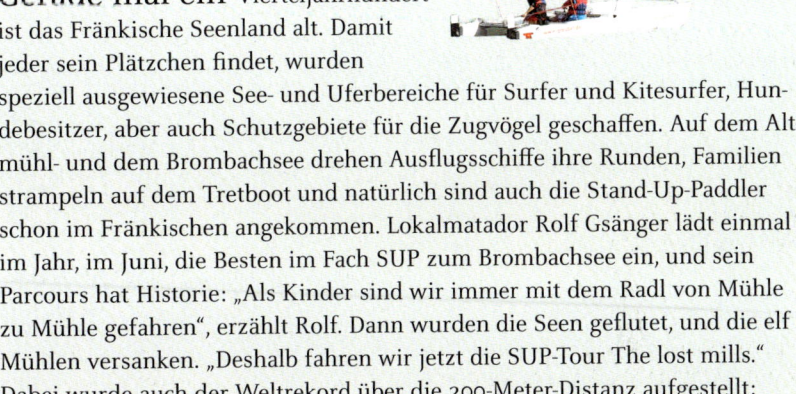

Gerade mal ein Vierteljahrhundert ist das Fränkische Seenland alt. Damit jeder sein Plätzchen findet, wurden speziell ausgewiesene See- und Uferbereiche für Surfer und Kitesurfer, Hundebesitzer, aber auch Schutzgebiete für die Zugvögel geschaffen. Auf dem Altmühl- und dem Brombachsee drehen Ausflugsschiffe ihre Runden, Familien strampeln auf dem Tretboot und natürlich sind auch die Stand-Up-Paddler schon im Fränkischen angekommen. Lokalmatador Rolf Gsänger lädt einmal im Jahr, im Juni, die Besten im Fach SUP zum Brombachsee ein, und sein Parcours hat Historie: „Als Kinder sind wir immer mit dem Radl von Mühle zu Mühle gefahren", erzählt Rolf. Dann wurden die Seen geflutet, und die elf Mühlen versanken. „Deshalb fahren wir jetzt die SUP-Tour The lost mills." Dabei wurde auch der Weltrekord über die 200-Meter-Distanz aufgestellt: 49,6 Sekunden.

Der Große Brombachsee ist mit 870 ha Fläche und 1,3 km Strand der größte der sieben, während der Dennenloher See mit einer maximalen Tiefe von 2,4 m eher ein Weiher ist – aber mit Strand und Kiosk. Der Hahnenkammsee hat sogar einen Nichtschwimmerbereich. Und den schönsten Campingplatz, direkt am Brombachsee, findet man in Langlau.

Weitere Informationen

Tourismusverband Fränkisches Seenland
Postfach 1365, 91703 Gunzenhausen
Tel. 09 83 1 50 01 20
www.fraenkisches-seenland.de

See Camping Langlau
Seestraße 30, 91738 Pfofeld-Langlau
Tel. 0 98 34 9 69 69
www.seecamping-langlau.de

Im Fränkischen Seenland locken auch Strände einfach nur zum Faulenzen. Und man kann im Zelt oder Wohnwagen direkt am Seeufer sein Quartier aufschlagen.

Ein wenig jenseits der Zeiten

Tropfsteinhöhlen haben ja immer etwas Märchenhaft-fabulöses, gerade mit einem Namen wie Teufelshöhle. Kantige Felsen symbolisieren Kraft und Beständigkeit. Stille Wälder verströmen den Hauch des Romantischen. Und niedliche Dörfchen strahlen häufig diese unwiderstehliche Stubengemütlichkeit aus. Alles zusammen ergibt den Eindruck: In der Fränkischen Schweiz ist die Zeit stehen geblieben.

Typische Landschaft in der Fränkischen Schweiz:
Aufseßtal in der Nachbarschaft vom Wiesenttal

Bizarr ragen Kalkfelsen wie die Wiesenthauer Nadel aus der Walberla, wie die Ehrenbürg im Volksmund genannt wird

Das Walberla-Fest soll seine Wurzeln im Wotanskult haben

Am ersten Mai-Sonntag wird auf dem Berg das Walberla-Fest zu Ehren der hl. Walburga gefeiert. Seit Jahrhunderten gibt es hier oben eine Walburgis-Kapelle

Die mit der Piemont-Kirsche!" Wer kennt den verführerischen Werbespruch nicht? Nur: Es gibt keine Piemont-Kirsche, denn dort wachsen Weintrauben und Nüsse, aber keine Kirschen. „Die mit der fränkischen Kirsche," das klänge natürlich nicht so gut. Dafür schmecken die jährlich bis zu 8000 Tonnen Kirschen der 200 000 Bäume in der Fränkischen Schweiz wie sie sein müssen: saftig-süß und aromatisch, außen knackig, innen fleischig.

Kirschen sind ein Inbegriff für Sommer. Und ein Sommer in der Fränkischen Schweiz ist, wenn roter Klatschmohn blüht, die Buchenwälder sich im Wind wiegen, Bienen summen und irgendwo jemand Holz sägt. Sogar ein Huhn ist entlaufen und gackert frohgemut auf der Dorfstraße. Natürlich hat in diesen Fachwerkhaus-Dörfern jeder ein Auto und Internet, es gibt Supermärkte und mittlerweile gigantisch wirkende landwirtschaftliche Maschinen, aber dennoch wirkt alles ein wenig wie früher, heimeliger, kuscheliger als anderswo. Und die Gäste, die in die Fränkische Schweiz fahren, suchen genau das. Die wollen keine Discos oder Chill-Out-Lounges. Die wollen wandern, radeln, klettern, Kirschen und Zwetschgen vom Baum, Salbei und Minze riechen, an der Wiesent hocken, eine Burg besuchen oder auf dem Walberla träumen. Und vielleicht einem Bauern lauschen, der die Geschichte von einem jungen Mann erzählt, der die Mädchen unten im Dorf scharenweise unruhig gemacht hat: „Kein Rock war vor ihm sicher. Und so soll es eines Tages geschehen sein, dass in ein und derselben Nacht zwei Mädchen von ihm schwanger wurden. War das ein Aufruhr!"

Rundgang mit Handy

Auf dem Walberla haben sich alle möglichen Völker angesiedelt. Die Kelten machten als erste aus dem Plateau eine Kultstätte. Archäologen buddeln noch heute nach Gräbern und Hinterlassenschaften. Georg Distler ist das ziemlich

Die Wallfahrtskirche von Gößweinstein ist eine barocke Kostbarkeit und beliebtes Pilgerziel zugleich

Pottenstein gilt als einer der ältesten Orte der Region und gehört zu den großen touristischen Anziehungspunkten

Der um 1760 anstelle der früheren Tüchersfelder Burg errichtete Judenhof beherbergt heute das Fränkische-Schweiz-Museum

egal. Der Schäfer liebt seine Heimat und noch mehr seine Tiere: „Die schönsten Stunden in meinem Arbeitsalltag sind die zwölf Stunden mit den Schafen", sagt er. Am Walberla sieht man ihn mit seinen 400 Tieren, die ihm jedes Jahr zwei Tonnen Wolle schenken. Aber sind die Lämmchen sechs Monate alt, schlachtet er sie. So war es immer. Den zarten Lammbraten im Gasthaus verschmäht man ja trotzdem nicht.

Schlachttag ist auch im nahen Egloffstein. Die Fachwerkhäuser schmiegen sich an den Burgberg, wo so mancher Fels den Bewohnern im Wortsinn aufs Dach zu fallen droht. Strenger Fleisch- und Wurstgeruch liegt in der Luft. Irgendwo im Markt gibt es Kesselfleisch. Blutwürste werden abgedreht, Grieben gemacht. Fränkisches Bier fließt in Strömen. „Das gibt einen gesunden Schlaf", sagt der Metzger. Und ein Handwerksbursche auf der Walz bekommt selbstredend seine Brotzeit. Alltagstraditionen, die leben, unverkünstelt und nicht für Touristen gedacht, wie so mancher Heimatabend mit Tracht und Musik. Aber trotzdem kann man in Egloffstein einen

„Von einem Paradies durch das andere."
Jean Paul über die Fränkische Schweiz

Rundgang mit seinem Handy oder Tablet machen, denn auch die Fränkische Schweiz ist irgendwie im 21. Jahrhundert angelangt.

Eine Schweiz im Kleinen
Die Dichter der Romantik, wie Victor von Scheffel und Ludwig Tieck, sind für den merkwürdigen Namen Fränkische Schweiz mitverantwortlich. Eine reine Replik von Mutter Erde kann es ja wohl nicht sein bei Höhen von gerade mal 500 bis 600 Metern, die ursprünglich Muggendorfer Gebürg hießen. Erst 1807 taucht der Begriff Fränkische Schweiz zum ersten Mal in einer Abhandlung

Im Harry-Potter-Kletterfelsen bei Waischenfeld (oben links). Gute Aussicht genießt man in Wichsenstein (oben rechts). Nurmehr eine Ruine: Neideck bei Muggendorf (unten links). Spaziergang im Aufseßtal (unten rechts)

Seit gut 100 Jahren trägt das idyllische Waldstück bei Wohlmannsgesees seinen Namen Druidenhain, der wohl romantischen Phantasien entsprungen ist

Höhlen

Geheimnisvoll

Glänzende Kalkgebilde, spitz aufragende Stalagmiten und herabhängende Stalaktiten: Eine Höhle ist etwas Besonderes, weil stets geheimnisvoll.

In dieser Millionen Jahre alten Unterwelt tropft es allerorten. Es gibt winzige Lebewesen, die ohne Licht auskommen. Ein Tropfstein braucht etwa sieben Jahre, um einen Millimeter zu wachsen. Und das Klima ist immer gleich – die Teufelshöhle bei Pottenstein hat ganzjährig konstant neun Grad. Die Teufelshöhle, die nicht minder bekannte Binghöhle in Streitberg, Deutschlands größte Galerietropfsteinhöhle mit 400 Metern Länge, oder die Sophienhöhle im Ahorntal, die bundesweit als eine der schönsten gilt, sind aber nur drei von mehr als tausend. Knapp 50 von ihnen sind begehbar, einige nur mit Führer.

des Geografen Johann Christian Fick auf. „Was du in der Schweiz vorfindest, findest du hier im verjüngten Maßstabe wieder", schrieb kurz darauf ein Epigone, und die schwärmerischen Dichter trugen den Begriff in die Welt.

1992 bekam der für die Fränkische Schweiz zuständige Landrat Otto Ammon Post von den Eidgenossen: Mit der Bitte für die Erstellung einer Skulptur vor dem Berner Bundeshaus, einen Stein zu stiften. 44 Steine aus Gebieten mit „Schweiz" im Regionsnamen kamen aus allen fünf Kontinenten zusammen. Die Recherche ergab weltweit 192-mal die Regionsbezeichnung Schweiz in einem Gebietsnamen, 67-mal in Deutschland.

Troubadix in der Höhle

Letztlich könnte man die Fränkische Schweiz auch Obelix-Land nennen. Aus den Buchenwäldern ragen Dolomitfelsen heraus, die wie Hinkelsteine aussehen. Im Druidenhain bei Wohlmannsgesees könnte Miraculix seinen Zaubertrank mixen. In der unterirdischen Welt der Höhlen dürfte Troubadix ungeknebelt und lauthals singen, während die Dorfbewohner oben mit Wildschwein und Wein ausgelassen feiern. Und Asterix kommt dem Bild eines Franken in der Mentalität sehr nahe: einfallsreich, gutmütig und brutal zugleich – zumindest

wenn es gegen Römer geht. „Die Franken sind ja eigentlich auch total brutal", bestätigt der fränkische Kabarettist Volker Heißmann. Mit dem Zusatz: „Sie sind brutal ehrlich ..."

In Verbindung mit dem fränkischen Dialekt wirkt diese Ehrlichkeit manchmal kindlich und verspielt. Wenn aus dem Bach ein Bächla wird, Würste Wärscht heißen, wenn die Paula „Baula" gerufen wird und Thomas „der Dhomas", dann wirkt das alles sehr einfach, aber auch sehr – simbadisch, ums mal frängisch zu sogn. Bismarck muss falsch gelegen haben, als er meinte, dass man in der Fränkischen Schweiz den Begriff gastfreundlich eigenwillig auslege, im Sinne von der Gast habe freundlich zu sein. Vielleicht war mit ihm kein Plausch möglich? „Wo kommt a no her", lautet stets der erste Satz an den Gast, ehe der Fremde bedient wird.

In der Fränkischen Schweiz scheint es wie in der viel beschworenen guten alten Zeit zu sein. Nur ist es mit dieser Zeit vielleicht wie mit der Piemont-Kirsche und es hat sie gar nicht gegeben? Weil früher alles ärmer, kälter, reglementierter und die Arbeit im Stall und Hof viel härter war? Es ist wie ein alter Computer mit moderner Software: Die Umstände haben sich verbessert. Aber die Schale scheint gleich geblieben zu sein.

Die besten fränkischen Landgasthöfe

Süßes Nichtstun

Einen schönen Ausflug mit dem Auto, eine tolle Radltour oder eine lange Wanderung wird gerne gekrönt von einer Einkehr: zum Erfrischen, zum Schmausen und manchmal auch zum Träumen. Die folgenden Landgasthöfe geben schon mal das Ziel vor. Den Weg dahin macht man dann nach Gusto, per Auto, Rad oder Pedes ...

3 Der beste Karpfen

Ganz in der Nähe werden ebenfalls seit Generationen Gäste bewirtet, seit Hunderten von Jahren das Bier selbst gebraut und die besten Karpfen der Region gezüchtet. Und wer keinen Fisch mag, wählt ganz sicher den Wildschweinbraten von der eigenen Jagd. Neben drei Biersorten gibt es aber auch noch Brände: Zwetschge, Schlehe, Mirabelle, Kirsch und Himbeer, Apfel und Birne sowie der Fränkische Trester vom Riesling. Die Stube ist gemütlich, der Biergarten lauschig und die Zimmer sind modern und günstig.

Landgasthof und Brauerei Rittmayer, Willersdorf 108 91352 Hallerndorf Tel. 09195 947 30 www.rittmayer.com

2 Schmecken, süffeln, schlummern

Das Fränkische ist urig, gelassen und unkompliziert. Und genau so gibt sich der Brau.Gasthof Pfister, 1848 gegründet und zwischen Bamberg (20 Minuten mit dem Auto) und Nürnberg (40 Minuten) in herrlicher Waldlandschaft gelegen. Gastgeberin Elisabeth Pfister kümmert sich um die heimatliche Kulinarik sowie einige modern renovierte Zimmer, während Bruder Stefan Pfister das hauseigene, ökologisch gebraute Bier abfüllt. Vier Sorten – Landbier, Bockbier, Kellerbier und Weißbier – werden im schönen alten Bügelverschluss angeboten, auch zum Mitnehmen.

Brau.Gasthof Pfister Eggerbacherstr. 22 91330 Eggolsheim-Weigelshofen Tel. 09545 942 60 www.pfister-weigels hofen.de

1 Bier vom Felsenkeller

Sieben Kilometer vor den Toren von Kronach, in der 350-Einwohner-Gemeinde Wötzelsdorf, weist schon die üppige Blumendekoration auf den Balkonen auf ein besonderes Haus hin: Den Landgasthof Zum Goldenen Wagen, in dem die Gäste fränkische Spezialitäten in der gemütlichen Stube oder im schönen Biergarten genießen. Das Bier lagert im Felsenkeller und das nette kleine, aber modern eingerichtete Zimmer kostet mit Halbpension gerade mal 32 Euro pro Person. Wo gibt's das schon noch ...?

Landgasthof Zum Goldenen Wagen, Wötzelsdorf 13 96317 Kronach Tel. 09261 9 48 10 www.gasthof-schmidt.de

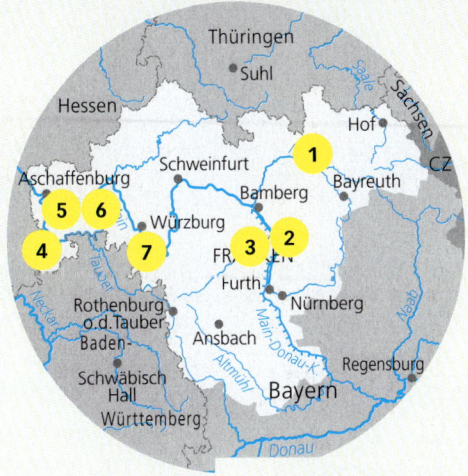

5 Das Dorf am See

4 Gehoben und verwunschen

Irgendwann denkt man: Jetzt kommt doch nichts mehr ... Überall nur Wald und ab und an mal eine Lichtung. Das ehemalige Klostergut Amorhof der Benediktinerabtei Amorbach von 1446 ist seit etlichen Jahren ein wunderschönes Landhotel mit zwei sehr guten Restaurants. In der Abt- und Schäferstube tischt Sterne-Koch Achim Krutsch auf, in der Benediktinerstube geht's etwas bodenständiger zu. Ein guter Platz für ein paar Tage Erholung und Genuss.

Der Schafhof, Schafhof 1
63916 Amorbach
Tel. 09373 9 73 30
www.schafhof.de

Die Lage direkt am See von Niedernberg ist einmalig im Spessart und gleiches gilt für das Ensemble aus Wirtshaus und Hotel, offener Küche und heller Veranda, Weinkeller und Scheune für Feiern sowie einem guten Wellness-Bereich. Dazu kommt im Sommer die Seeinsel, auf der man gemeinsam mit anderen Gästen am Sandstrand liegen kann. Das Seehotel ist mehr als nur ein Landgasthof, aber er hat seine Atmosphäre bewahren können. Ein perfekter Standort, wenn man mehrere Spessart-Touren plant.

Seehotel, Leerweg 1
63843 Niedernberg
Tel. 06028 99 90, www.see hotel-niedernberg.de

6 Da geht's um die Wurst

Der Name ist Programm: Hofstadel heißt der Mönchberger Landgasthof und so sehen die Räumlichkeiten auch aus. Rustikale Vollholzatmosphäre innen und ein wenig Landgeruch draußen, 50 Schweine werden bei Metzgermeister Marcus Link artgerecht gehalten – und landen irgendwann dann doch auf den Tellern der Gäste. Die Wurst- und Schinkenspezialitäten gibt's auch zum Mitnehmen. Keine Zimmer.

Landgasthof Hofstadel
Siedlerhof 5, 63933 Mönchberg, Tel. 09374 4 24
www.hofstadel.de

7 Ländlich über der Stadt

Der Ausblick ins Maintal, auf die Weinberge und Würzburg ist mit der beste, den es gibt in Unterfrankens kleiner Metropole. Der Schützenhof auf dem Nikolausberg (seit 1862!) lohnt aber nicht nur wegen seiner großen Terrasse, sondern auch wegen der Speisekarte: Im Biergarten unter alten Kastanienbäumen oder in der Stube kommt ausschließlich Fränkisches auf die Teller, wobei Kräuter und Obst aus dem eigenen Garten stammen. Unbedingt probieren: die Beerenweine, die wie Marmeladen und das Zwetschgenwasser auch zum Mitnehmen gekauft werden können. Keine Zimmer.

Schützenhof
Mainleitenweg 48
97082 Würzburg
Tel. 0931 7 24 22
www.schuetzenhof-wuerzburg.de

Deutschlands romantische Schweiz

Der Name Fränkische Schweiz klingt wie ein Duplikat. Es waren die Dichter der Romantik, die den Zusatz Schweiz schwärmerisch ins 19. Jh. trugen. Doch die Fränkische Schweiz ist alles andere als ein Duplikat und nicht nur für Kletterer eine Reise Wert. Nahezu alle Gäste kommen aus Deutschland. Und kaum ein Gebiet bietet so viel Qualität für vergleichsweise wenig Geld.

❶ Forchheim

Bereits 805 erwähnt, zählt die 30 000-Einw.-Stadt zu den ältesten Städten in Franken. Die jahrhundertelange Festung (ab Mitte des 16. Jh.) der Bamberger Bischöfe bildet ein Tor zur Fränkischen Schweiz von Westen.

SEHENSWERT
Der **Rathausplatz** mit seinem Fachwerk-Ensemble und dem Rathaus (15. und 16. Jh.) ist der schönste Straßenplatz der Region. Aber auch die **Festungsanlage** mit dem prachtvollen Nürnberger Tor (1698), das quadratische fürstbischöfliche **Schloss** (Urspr. 14. Jh., „Kaiserpfalz") und die **Marienkapelle** (12. Jh.) sind beachtenswert.

MUSEUM
Zum stadtgeschichtlichen **Pfalzmuseum** gehört auch das Erlebnismuseum Rote Mauer, das mit Inszenierungen, Hörspielen und Text-tafeln vom Alltag einer belagerten Stadt erzählt (Schloss, Tel. 09191 71 43 27; www.forchheim.de; April–Okt. Di.–So. 10.00–17.00 Uhr, sonst kürzer, Erlebnismuseum April–Okt. nur So.).

VERANSTALTUNGEN
Zur **Bierkeller-Eröffnung** der 23 Bierkeller (meist mit Biergärten) vom Kellerberg am 1. April treten Heimat-, Trachten-, Musik- und Schützenvereine an. Das bekannte Volksfest **Annafest** findet Ende Juli/Anf. Aug. statt.

EINKAUFEN
Seit 1945 produziert **Piasten** Schokoladen und Pralinen in Forchheim. Beim Werksverkauf gibt es Rabatt (www.piasten.de/werksverkauf).

HOTEL UND RESTAURANT
€ Am Kronengarten ist ein von Reben umranktes Altstadthotel (Bamberger Straße 6a, 91301 Forchheim, Tel. 09191 725 00, www.hotel-am-kronengarten.de).
Saisonale Küche und eine eigene Brennerei hat der **€ € Schweizer Keller** (Am Schwedengraben 7, Tel. 09191 62 18 21, www.schweizer-keller.de). Der Aischgrund (westl.) lohnt den Besuch in der Karpfenzeit von Herbst bis Frühjahr; den Fisch gibt es im Bierteig gebacken oder blau, u. a. im **€ € Landgasthof Rittmayer** (Willersdorf 108, Hallerndorf, Tel. 09195 9 47 30, www.rittmayer.com).

UMGEBUNG
Obgleich gerade mal gut 500 m hoch, ist der **Walberla** (östl. Wiesenthau) der bekannteste Berg der Region. Sehr schöne Felsformationen, herrlicher Blick ins Wiesenttal und vom Burgstein, direkt am Felsabbruch, übers Walberla. **Baiersdorf** (südl.) ist für seinen Meerrettichanbau bekannt. Deshalb steht dort auch das schärfste Museum der Welt, das Meerrettichmuseum (Judengasse 11, Tel. 09133 60 30 40, www.schamel.de; März–Nov. Sa. und So. 10.30 bis 17.00 Uhr).

INFORMATION
Tourist-Information, Kapellenstraße 16
91301 Forchheim, Tel. 09191 71 43 38
www.forchheim.de

Forchheims Rathausplatz

❷ Ebermannstadt

In der über 100 Jahre alten Kleinstadt mit 7000 Einw. laufen die touristischen Fäden der Fränkischen Schweiz zusammen.

SEHENSWERT
Durch verwinkelte **Gassen**, an Fachwerkhäusern und der im Ursprung romanischen **Marienkapelle** vorbei geht es zum 400 Jahre alten **Wasserschöpfrad** an der Wiesent.

VERANSTALTUNGEN
Beim **Kirschblütenfest** im Mai im obstreichen Pretzfeld (südl.) gibt sich auch die Kirschkönigin die Ehre. Bei der **Lichterserenade** ziehen am ersten Sa. im Aug. nach Einbruch der Dunkelheit rund 10 000 selbst gebastelte Papierschiffchen, mit Kerzen bestückt, die Wiesent hinunter.

Tipp

Hosen für die Welt

Levi (Löb) Strauss, der Vater aller Blue Jeans, ist ein 1829 geborener Franke aus Buttenheim. Aus wirtschaftlicher Not wanderte die Familie nach San Francisco aus, wo Levi später für die Goldsucher strapazierfähige blaue Arbeitshosen aus Denim schneidern ließ, die erst um 1920 Jeans genannt wurden. Seit 1936 gibt es die legendäre (mit der einstigen Bestellnummer) 501.

LEVI STRAUSS MUSEUM
Marktstraße 31, Buttenheim (nördl. Forchheim), Tel. 09545 44 26 02, www.levi-strauss-museum.de; März–Okt. Di. und Do. 14.00–18.00 Uhr, Sa., So. und Fei. 11.00–17.00 Uhr, sonst kürzer

HOTEL UND RESTAURANT

Der € **Gasthof Resengörg** ist in einem schönen Fachwerkhaus untergebracht. Nach Zimmern mit Wiesent-Blick fragen (Hauptstraße 36, 91320 Ebermannstadt, Tel. 09194 739 30, www.resengoerg.de).

Im € € **Brauereigasthof Schwanenbräu** gibt es nicht nur selbst gebraute Biere und selbst gebrannte Schnäpse, sondern auch leckere fränkische Küche (Am Marktplatz 2, Tel. 09194 2 09, www.schwanenbraeu.de).

INFORMATION

Tourist-Information
Bahnhofstraße 5, 91320 Ebermannstadt
Tel. 09194 5 06 40, www.ebermannstadt.de

❸ Wiesenttal

Die im Zuge einer Gebietsreform entstandene Gemeinde (2500 Einw.) umfasst auch Muggendorf und Streitberg. Schroffe Felswände, Höhlen und die Flüsse Wiesent und Aufseß machen die Umgebung zu einem der landschaftlich attraktivsten Gebiete der Fränkischen Schweiz.

SEHENSWERT

Das Fachwerk-Rathaus von **Muggendorf,** mehr noch die Burgruinen Neideck (13. und 14. Jh.) und Streitburg (Urspr. 12. Jh.) über **Streitberg** sind die interessantesten Bauwerke.
Die **Binghöhle** bei Streitberg ist 400 m lang und Deutschlands größte Galerietropfsteinhöhle mit besonders schönen Tropfsteinen sowie der Kristallgrotte (www.binghoehle.de; Führungen Ende März–Anf. Nov. tgl. 10.00 bis 17.00 Uhr).

Tipp

Schottische Exklave

....

Im Land der Obstbrände gibt es auch Whisky. Und der fränkische Whisky kann es aufnehmen mit den Single Malts aus Schottland oder Irland. In Franken wirkt die „Blaue Maus", so der Markenname, zwar ein bisschen wie ein Koran im Vatikan, aber das stört in der ältesten deutschen Single-Malt-Destillerie niemanden. Der Begriff Whisky ist – anders als Grappa oder Cognac – nicht geschützt, und Franken hat alles, was man für einen guten Whisky benötigt: Gerste, Hefe und bestes Quellwasser. Es gibt Führungen und Verkostungen.

WHISKYDESTILLERIE BLAUE MAUS
Bamberger Straße 2
Eggolsheim (nördl. Forchheim)
Tel. 09545 74 61
www.fleischmann-whisky.de

Ebermannstadt: Walberlafest (o.l.), Tropfsteine in der Teufelshöhle (o.r.), Kerzenverkauf bei der Wallfahrtskirche von Gößweinstein (u.)

MUSEEN

Das **Ammoniten-Museum** zeigt Fossilien, die bis zu 350 Mio. Jahre alt sind (Muggendorf, Forchheimer Straße 8, Tel. 09196 99 85 95, www.ammoniten-museum.de; Mitte April bis Okt. Mo. und Di. 13.00–17.00, Sa., So. und Fei. 12.00–17.00 Uhr).

AKTIVITÄTEN

Zwischen Muggendorf und Behringersmühle gehen **Fliegenfischer** im Wiesentgrund auf Bach- und Regenbogenforelle, Saibling sowie Äsche. Die Anzahl der Tageskarten ist begrenzt (www.fliegenfischen-wiesent.de).

VERANSTALTUNG

Das **Erntedankfest** mit Festumzug im Okt. gehört zu den schönsten Brauchtumsfesten der Region.

EINKAUFEN

In der **Adlerbrennerei** werden 45 Liköre und Brände hergestellt – Klassiker wie Kirschwasser, aber auch Ungewöhnliches wie Bierlikör. Der Destillateur Mathias Pircher berät und lässt probieren (Streitberg, Dorfplatz 11, Tel. 09196 325, www.adlerbrennerei.de).

HOTEL UND RESTAURANT

Im € € € **Hotel Feiler** isst man immer gut, fränkisch-ambitioniert und im Vergleich auch preisgünstig. Dazu gibt es behagliche Zimmer (Oberer Markt 4, Muggendorf, 91346 Wiesenttal, Tel. 09196 9 29 50, www.hotel-feiler.de).

UMGEBUNG

Der wie von Zauberhand geschaffene Druidenhain liegt in einem Waldstück bei **Wohlmannsgesees**: ein Labyrinth aus moosbewachsenen Dolomit-Felsen.
Schloss Greifenstein (Urspr. 12. Jh., 17. Jh.) über **Heiligenstadt** wird gern Klein Neuschwanstein genannt – nicht des Aussehens wegen, sondern weil Besitzer Franz Schenk von Stauffenberg ein Freund des bayerischen Märchenkönigs Ludwig II. war (http://schloss-greifenstein.de).

INFORMATION

Tourist-Information
Forchheimer Straße 8
91346 Wiesenttal
Tel. 09196 92 99 31
www.wiesenttal.de

❹ Waischenfeld

Der Luftkurort mit 3000 Einw. liegt im waldigen Wiesenttal.

SEHENSWERT

Der 13 m hohen Turm „Steinerner Beutel" ist das Wahrzeichen der Gemeinde. Er ist der letzte Rest einer rund 650 Jahre alten **Burganlage** hoch über der Stadt.

AKTIVITÄTEN

Die Wiesent mit dem Kanu entdecken: zwischen Mai und Sept. die einzige erlaubte Flusswanderfahrt durch die Fränkische Schweiz (www.kajak-mietservice.de). Das **Fliegenfischen** kann man u. a. bei Michael Sanna erlernen (www.fliegenfischerschule-fraenki sche-schweiz.de). Im Ort liegen die **Kletterfelsen** Freistein und Moby Dick, außerhalb die beiden beliebten, bis zu 15 m hohen Harry-Potter-Wände. Der **König-Ludwig-Steig** führt über 17 km zur 5 m hohen Weißen Marter nach Köttweinsdorf und damit zur größten Dreifaltigkeitsstatue Deutschlands.

VERANSTALTUNG

Wenn der Wiesentrenner gegen den Schmierbachflitzer antritt, dann ist Aug. und **Brühtrogrennen** auf der Wiesent in Nankendorf, ein Spektakel mit Volksfest und Sau am Spieß.

HOTEL UND RESTAURANT

1834 wurde die Brauerei gegründet und auch der € **Brauerei-Gasthof Krug** (Breitenlesau 1b, Tel. 09202 5 35, 91344 Waischenfeld, www.krug-braeu.de; einfache Zimmer).
Fangfrische Forellen im Biergarten unter Obstbäumen gibt es im € € **Rabeneck** am Waldrand (Rabeneck 27, Tel. 09202 2 20, www.wald pension-rabeneck.de).

UMGEBUNG

Die **Sophienhöhle** im Ahorntal ist 470 m lang und gehört zu den spektakulärsten Höhlen in Deutschland (www.burg-rabenstein.de; Führungen April–Okt. Di.–So. 10.30–17.00 Uhr). Sa. wird sie mit Lichteffekten und sphärischer Musik dramatisch in Szene gesetzt (18.00 Uhr). In der Nähe laden die Burgen **Rabenstein** und **Rabeneck** zu einer Burgtour ein. Auf Rabenstein kann man fürstlich nächtigen, wie schon König Ludwig I. (www.burg-rabenstein.de).

INFORMATION

Tourist-Information, Bischof-Nausea-Platz 2 91344 Waischenfeld, Tel. 09202 96 01 17 www.waischenfeld.de

5 Pottenstein

Umringt von Bergen liegt das malerische 5000-Einw.-Felsenstädtchen, bestimmt von Fachwerk und gekrönt von seiner Burg.

SEHENSWERT

Schon vor 1000 erwähnt und im 16. Jh. wieder aufgebaut, zeigt sich **Burg Pottenstein** mit Unter- und Oberburg, Zeughaus und Zisterne sowie Resten des Burgfrieds. Auch die **Altstadt** mit Pfarrkirche (um 1775) lohnt einen Spaziergang.

HOTEL UND RESTAURANT

Seit 1770 ein Gasthof: die € € **Goldene Krone**. Verwinkelte Zimmer hinter Fachwerk, Biergarten und fränkische Küche (Marktplatz 2, 91278 Pottenstein, Tel. 09243 92 43 0, www. goldene-krone-pottenstein.de).

UMGEBUNG

Die **Große Teufelshöhle** (südw.) hat eine Länge von 1,5 km und ist die größte Tropfsteinhöhle nicht nur der Fränkischen Schweiz (www.pottenstein.de/startseite-teufelshoehle; Mitte März–Anfang Nov. tgl. 9.00–17.00, sonst So. 11.00–15.00 Uhr).
Gößweinsteins Burg wurde im 11. Jh. hoch über dem Dorf erbaut, häufig umgestaltet und im 19. Jh. historistisch renoviert (Museum, Burgstraße 30, Tel. 09242 2 99 98 91, www. burg-goessweinstein.de; Ostern–Okt. tgl. 10.00–18.00 Uhr). Bekannt ist der Ort aber vor allem für die von Balthasar Neumann entworfene barocke Wallfahrtskirche (18. Jh.) mit dem Gnadenbild der hl. Dreifaltigkeit, bis heute ein großartiges Pilgerziel.
Das Felsendorf **Tüchersfeld TOPZIEL** bietet imposant aufragende Felsen, den Ausblick Fahnenstein und das Fränkische-Schweiz-Museum, wo man alles zur Archäologie und Geologie der Region erfährt (Am Museum 5, Tel. 09242 16 40, http://fraenkische-schweiz-museum.de; April–Okt. Di.–So. 10.00–17.00, sonst So. 13.30–17.00 Uhr).

INFORMATION

Tourismusbüro, Forchheimer Straße 1 91278 Pottenstein, Tel. 09243 7 08 41 www.pottenstein.de

DuMont
Aktiv

Immer nach oben

Das Klettergebiet in der Fränkischen Schweiz umfasst mehr als 10 000 Routen an rund 1000 Massiven, gehört damit zu einem der am besten erschlossenen Gebiete weltweit und ist das beste in Deutschland. Namen wie der Rodenstein, das Aufseß-, Leinleiter-, Püttlach-, Trubach- und Wiesenttal ziehen Kletterer aus ganz Europa an. Aber man kann das Klettern dort auch erst lernen.

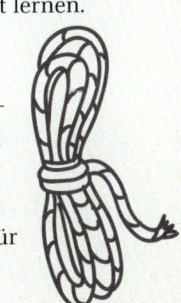

Von Routen des dritten Grades, wenn es senkrecht nach oben geht, ist man bei seiner ersten Kletterstunde gar nicht so weit entfernt. Denn nach dem Erlernen von Anseilknoten und Abseilen, geht es schon ran an die senkrecht in die Höhe ragenden Kletterfelsen. In der Fränkischen Schweiz reicht das Angebot vom Schnupperkurs für Anfänger über Grund- und Aufbaukurse bis zum Spezialtraining für Fortgeschrittene.

Die ersten Schritte in die Höhe werden dabei je nach Wetter in der Natur oder in einer Kletterhalle gewagt. Grundkenntnisse in der Sicherungstechnik für sich und den Partner, die Abläufe beim Klettern in einer Seilschaft, Kommandos und Gepflogenheiten gehören zum Basiswissen, das erlernt wird und auf dem alle weiterführenden Kurse aufbauen. Vorkenntnisse werden nicht vorausgesetzt, doch wer sportlich ist und Kondition hat, besitzt Vorteile. Die Ausbilder sind staatlich geprüfte Berg- und Skiführer, die sich vor Ort auskennen. Und sie sorgen auch dafür, dass am Ende des Kurses schon mindestens ein Eintrag im Gipfelbuch steht.

Weitere Informationen

Kletterkurse finden in der Fränkischen Schweiz von Mai bis Sept. statt. Diese Leistungen sollten stets enthalten sein: lizenzierter Ausbilder, Kletterausrüstung inklusive Schuhe, Transfers und Versicherung. Ein Grundkurs dauert in der Regel zwei Tage – u. a. bei der Bergsportschule Bamberg (Tel. 09505 8 05 03 90, www.berg sportschule.com)

Klettern macht viel Spaß, man trainiert Muskeln, Ausdauer, Geschicklichkeit und kombiniert alles mit herrlichen Eindrücken in der Natur.

Pfaffen, Bier und kritische Worte

Bamberg, wie Rom auf sieben Hügeln erbaut, ist tausend Jahre alt und ein denkmalgeschütztes Gesamtkunstwerk, das zum Welterbe der Menschheit zählt. Bayreuth genießt ebenso Weltruf plus Kultstatus durch die Wagner-Festspiele am Grünen Hügel. Doch Welterbe wurde das Markgräfliche Opernhaus. Coburg bietet dagegen vier Herzogsschlösser und kann sogar ein bisschen südamerikanisches Temperament zeigen.

Weil der Fürstbischof ihnen keinen Baugrund zugestehen wollte, bauten die Bamberger ihr Rathaus auf einer künstlichen Regnitzinsel

Blick aus dem Bamberger Hofgarten der Neuen Residenz auf eine wahre Glaubensburg,
das Kloster St. Michael

Die viertürmige Bamberger Bischofskirche zeigt noch Spätromanisches
und auch eindrucksvolles gotisches Bauen

Man ist erstaunt, wie klein er wirkt:
Bamberger Reiter im Dom

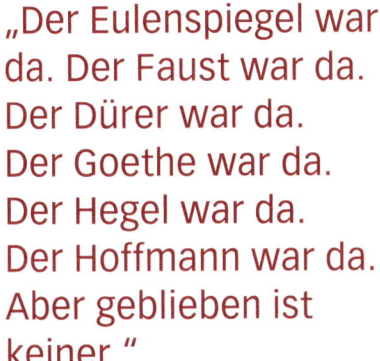

Mit herrlichem Blick auf den barocken Teil des Alten Rathauses:
Café in der Karolinenstraße

„Der Eulenspiegel war
da. Der Faust war da.
Der Dürer war da.
Der Goethe war da.
Der Hegel war da.
Der Hoffmann war da.
Aber geblieben ist
keiner."

Gerhard Krischker,
Mundartpoet aus Bamburg über Bamberg

Verlaufen? Macht nichts! Ist sogar gut so! In Bamberg, Deutschlands größter erhaltener Altstadt, wo heute noch das Gestern wohnt, findet man den mittelalterlichen Charme auch und gerade abseits der ausgetretenen Pfade. Nichts besichtigen. Einfach mittendrin sein. Irgendwo im Häusergewimmel. Zwischen den Hügeln und Kirchen verläuft ein Gassenlabyrinth, in dem jeder vierte Blick das Interesse weckt. Mal für ein Haus aus dem Mittelalter, mal für ein Gebäude aus der Barockzeit. Und irgendwie scheint hinter jeder Fassade eine Geschichte zu lauern. Dort gab Schriftsteller E. T. A. Hoffmann Musikunterricht – schließlich konnte er von seiner Dichtkunst nicht leben. Ein paar Meter weiter betrank er sich. Deshalb keine Sorge: Ein Gasthof, aus dem feiner Bratwurstduft emporsteigt und der ein Bier der neun ansässigen Brauereien anbietet, findet sich an jeder zweiten Ecke. Nur für den Fall, dass sich das Verlaufen ein wenig in die Länge zieht. Oder falls es drin ein bisschen länger dauert. In Bambergs Gasthöfen wird erzählt, gelacht und nachgedacht. Schreiberlinge und Schachspieler, Musiker und Tagträumer bringen dort den Tag rum: „Vor lauter Pfarrern, Mönchen, Nonnen, Negern und CSU-Anhängern wird mir ganz schwarz vor Augen", sagt einer, worauf der Tagträumer mit Herder kontert: „... die Leute, nicht übertrieben im Fleiß, verstehen, von eigener Muße zu leben". Das ist heute noch so im klerikal-konservativen Bamberg. Da fließt der Schlendrian aufs Schönste mit katholischer Behäbigkeit zusammen. Dagegen sind die protestantischen Bayreuther schon mehr auf zack, eher sogar zack-zack. Aber davon später.

Ein Rathaus schwebt

Nach Bratwurst, Bier und Geschichten geht es gestärkt in die Keimzelle der Weltkultur. Das kleine Rathaus scheint über der Regnitz zu schweben. Dabei ist der wunderbare Fachwerkbau nur an das große alte Rathaus angebaut – allerdings ohne Fundament im Fluss. Klein-Venedig als Bezeichnung für den Häuserzug entlang der Regnitz ist ein wenig übertrieben.

„Gorgeous!" „Marvellous!" „Breathtaking!" – Spätestens jetzt muss man, zusammen mit zahlreichen Amerikanern, vor dem Kaiserdom stehen, dem mit vier Türmen, dem Bamberger Reiter und dem einzigen Papstgrab in Deutschland, dem von Clemens II. Die öffentliche Domführung (zu fünf Euro) dauert genau eine Stunde. Und wer den Domberg schon erklommen hat und noch mal auf 90 interessante Minuten Lust hat, bucht

Fröhliche Runde vor dem „Schlenkerla" (oben links). Südöstlich der Bamberger Altstadt liegt die historisierend wiederaufgebaute Bischofsburg Altenburg (oben rechts). Bamberger Spitzen in der Oberen Sandstraße (unten links). Bummelparadies Altstadt – hier der Obstmarkt (unten rechts)

Als Begleiter zu den typischen fränkischen Speisen trinkt man sich im „Schlenkerla" ein Rauchbier, das in diesem Brauhaus hergestellt und noch aus Eichenfässern gezapft wird

Bamberg: Vom Wasser her lässt sich Klein-Venedig am Besten erleben –
Ausflugsfahrt auf der Regnitz

auch gleich noch die Highlight-Führung Barocker Glanz in den Museen um den Bamberger Dom: Der Rundgang führt von der Alten Hofhaltung über das prachtvolle Kapitelhaus zur Residenz.

Bayreuth bebt

„Was hat sie, was ich nicht habe?" Diese Frage stellen zuweilen nicht nur eifersüchtige Frauen, sondern auch katholische Bamberger und evangelische Bayreuther. In Sachen Weltkultur konnten die Bayreuther 2012 endlich gleichziehen. Universitäten haben auch beide, ebenso Basketball-Bundesligisten. Beide sind mit rund 70 000 Einwohnern etwa gleich groß, aber Bayreuth ist Hauptstadt

von Oberfranken. Während Bamberg Bischofssitz ist und Glück hatte: Die Stadt wurde im Krieg verschont, Bayreuth weitgehend zerstört. Deshalb ist Bayreuth großzügig angelegt und Bamberg verwinkelt. Und: „Wir sind warm, ihr seid kalt" – das sagen beide Seiten von sich und über die anderen ... Normal gilt: Die Bamberger sind behäbig, gutmütig, warm und die Bayreuther auf zack, ehrgeizig und kalt. Nur im Juli ist es anders: Wenn in Bayreuth das Afrika-Festival stattfindet, dann bebt die Stadt!

„Oh, ja!", sagt Jill O'Hare, „das waren immer die besten Tage im Jahr! Klasse Musik, Tanz, Party. Das war wow! Aber hieß es immer schon um 23.00 Uhr:

Eindrucksvoll zeigt die Coburger Veste ihre Wehrhaftigkeit

Marktplatz in Coburg

Weben nach alter Art: Im Fränkischen Freilandmuseum in Bad Windsheim
werden auch alte Handwerkstechniken präsentiert

Beim Bayreuther Stadtfest werden noch die alten Trachten getragen

Die Orangerie mit dem von Apoll in seinem Sonnenwagen geschmückten Sonnentempel in der Eremitage von Bayreuth

FRÄNKISCHES BIER

Special

A Seidla ...

„Es gibt mehr Biergeschmack als Weingeschmack", sagt Biersommelier Hubertus Grimm. Sein Liebling: Eisbock, bei dem das Bier ausgefroren und das Wasser entzogen, so dass es cremig, fast liqueurhaft wird.

Die fränkische Vielfalt an flüssigem Gold ist beeindruckend: Keller-, Rauch- oder Schwarzbier und Maibock, Markator oder Kulminator sind nur ein paar Beispiele. In Oberfranken wurde mit mehr als 200 Brauereien die höchste Brauereidichte der Welt errechnet.

Es gibt Bierwanderungen, Braumeistertouren, Bierseminare und -feste oder die spannende Bayreuther Katakombentour durch ein 400 Jahre altes Labyrinth, das als kühler Lagerraum genutzt wurde. Und am Ende gibt es stets einen Krug Bier – denn a Seidla geht immer ...

Schluss mit lustig ..." Was irgendwie typisch ist für Bayreuth, denn „ansonsten war Bayreuth immer langweilig, aber dafür die Leute sehr, sehr nett zu mir". Jill hat inzwischen Karriere gemacht in London, in einem der besten Hotels der Stadt, dem „Mandarin Oriental" am Hyde Park. Ihren Grundstein aber hat sie in Bayreuth gelegt: Betriebswirtschaft an der Partneruniversität ihrer Heimatstadt Dublin. „In Bayreuth ging einfach alles zack, zack!, geradlinig und organisiert. Das hat mir schon gefallen." Wie auch die Fußgängerzone Maximilianstraße, die plätschernd von einem Zierbächlein begleitet wird.

Afrika-Festival hier, Wagner-Festspiele dort, die brodelnde heimische Party einerseits und der ritualisierte internationale Aufreger andererseits: Wegen letzterem wird Bayreuth gerne und regelmäßig medial verprügelt. Zu viel Wagner, zu wenig anderes! Ergo: Bayreuth bringt es nicht. „Eine furchtbar stumpfsinnige Kleinstadt", schrieb George Bernard Shaw. Der Satiriker Wiglaf Droste setzt noch einen drauf: „Ein Kuhdunghaufen, aus dem turnusmäßig Größenwahnfried quillt." Wer war noch mal Wiglaf Droste? Kein Problem: Die Bayreuther sind so was gewöhnt, schütteln sich und ärgern sich über andere Dinge. So gilt die alte Regel „Wenn der Vor-

hang aufgeht, sind die Löcher zu", seit ein paar Jahren nicht mehr. Baustellen während der Festspielzeit: Das ist ein Ärgernis! Wiglaf Droste? Nö, zu klein, zu neidisch. Mit dem zweifelsohne vorhandenen Neidfaktor wird so vieles vom Tisch gewischt in Bayreuth. Nur sie haben halt diesen Richard Wagner. Also: Basst scho! Und weiter geht's ...

Klein-Rio tanzt

Coburg im hohen Norden Frankens wird oft unterschätzt. Da thront die berühmte Veste – und die Pracht dreier weiterer Herzogsschlösser –, aber ansonsten ist die Stadt, per Volksabstimmung zu Bayern gekommen, mehr erlebens- denn sehenswert: Bio-Läden geben der Stadt alternatives Flair. Galerien bieten Kunstwerke aller Preisklassen. Auf einem Bundesgrenzschutzgelände proben Nachwuchsbands, und das Vogelschießen ist ganz harmlos, denn so heißt nur das Volksfest im Sommer. Bei den Designtagen gibt sich aber schon mal Coburgs berühmtester Sohn, Prinz Albert und seiner Zeit Gatte von Queen Victoria, die Kugel bei einer Installation, während die heißen Samba-Tage 150 000 Menschen anlocken und die Großherzogsstadt zum Klein-Rio machen. Dann kann man sich auch dort mal verlaufen. Macht aber nichts! Ist auch in Coburg gut so!

RICHARD WAGNER

Diätfehler und
Knochenschleifchen

*Zum Thema Richard Wagner wird gern viel gesagt. Andererseits:
Ohne ihn hätte Deutschland nicht die neben Salzburg bekanntesten Opernfestspiele.
Und kein musikalisches Ereignis polarisiert so sehr wie der Auflauf von Künstlern,
prominenten Gästen, beinahe gläubigen Wagnerianern und ganz normalen
Opernliebhabern am Grünen Hügel. Ein Spaziergang auf Wagners Spuren.*

Wenn Cosima sagte: „Richard hat wieder einen Diät-Fehler begangen", dann hieß das: Wagner kam aus der „Eule" und war betrunken. Die „Eule", Wagners Lieblingskneipe, ist heute ein Restaurant, wo es die Nibelungensuppe für 4,90 und das Brünhildensteak für 19,90 Euro gibt, und sie ist Station 7 des Walk of Wagner. Vom Haus Wahnfried geht es durch Bayreuth bis zum Festspielhaus und Dank zahlreicher Installationen sogar im Geiste auch durch Leipzig und Dresden, Würzburg und München, Zürich und Paris. Ein rotes W zeigt den Weg.

Haus Wahnfried ist Station 1 mit dem Richard-Wagner-Museum und der Grabstätte im Garten. Eine schlichte Marmorplatte ohne Inschrift: „Jeder weiß doch, wer da liegt", sagt eine Gästeführerin ihrer Gruppe. Wie wahr, wenn es wirklich stimmt, dass nur über Christus und Napoleon mehr geschrieben wurde als über Wagner. Zwei Meter daneben ist Hund Russ begraben. Zur Festspielzeit liegen dort Knochen mit Schleifchen ...

Richard Wagner kam ja ursprünglich wegen des Markgräflichen Opernhauses – Station 8 nach der „Eule" – ins beschauliche Bayreuth. 500 Plätze, die tiefste Bühne Deutschlands, das faszinierte ihn. Aber er mochte das Barocke nicht, weshalb

ihm Ludwig II. ein eigenes Opernhaus gönnte, nur für ihn und seine Werke: das Festspielhaus am Grünen Hügel. Es wurde eines der größten Opernhäuser der Welt. 2000 Besucher finden darin Platz.

Bis der Grüne Hügel erreicht ist, kommt man bei den Steingraebers vorbei, die Wagners Klaviere stimmten, am Wohnhaus der Freundin Malwida von Meysenburg, oder man hockt Arm in Arm auf der Parkbank mit einer Richard-Wagner-Skulptur in der Opernstraße, der Station 9. Und wer nie im Festspielhaus saß, der wird staunen: über schlichte Holzklappstühle, damit sich der Klang ungestört im Raum verteilen kann. Wer hören will, muss leiden für die angeblich beste Akustik der Welt. Dazu noch sommerliche Spitzenwerte von 35 Grad. Dann ist Wagner nicht nur schwer, sondern sogar sehr schwer verdaulich. Angela Merkel weiß ein Lied davon zu singen. Am Premierentag sitzt die Bundeskanzlerin in der Loge, an den Folgetagen sieht man Frau Merkel privat im Parkett. Schotten kommen im Kilt, Japaner im Kimono, und so mancher Deutsche trägt Frack. Für eine Wagner-Aufführung ist man vorbereitet. Das betrifft auch Inhalt und Motive. Wie wäre eine postdramatische Inszenierung eines Frank Castorf sonst zu deuten? Hund Russ würde wahrscheinlich heulen, was das Zeug hält.

Blick ins Haus Wahnfried, heute Richard-Wagner-Museum (oben); Fototermin vor dem Bayreuther Festspielhaus (unten). 500 Figuren von Ottmar Hörl bevölkerten Bayreuth anlässlich des 200. Geburtstags Richard Wagners (S. 100)

Dem Meister ganz nah: Tuchfühlung auf der Wagnerbank

Fakten & Informationen

Festspielkarten gibt es auch online zwischen 30 und 320 Euro. 58 000 Karten sind zu haben, 400 000 Anfragen gibt es.

Genaue Anfrage- und Festspieltermine und die Bestelladresse unter www.bayreuther-festspiele.de

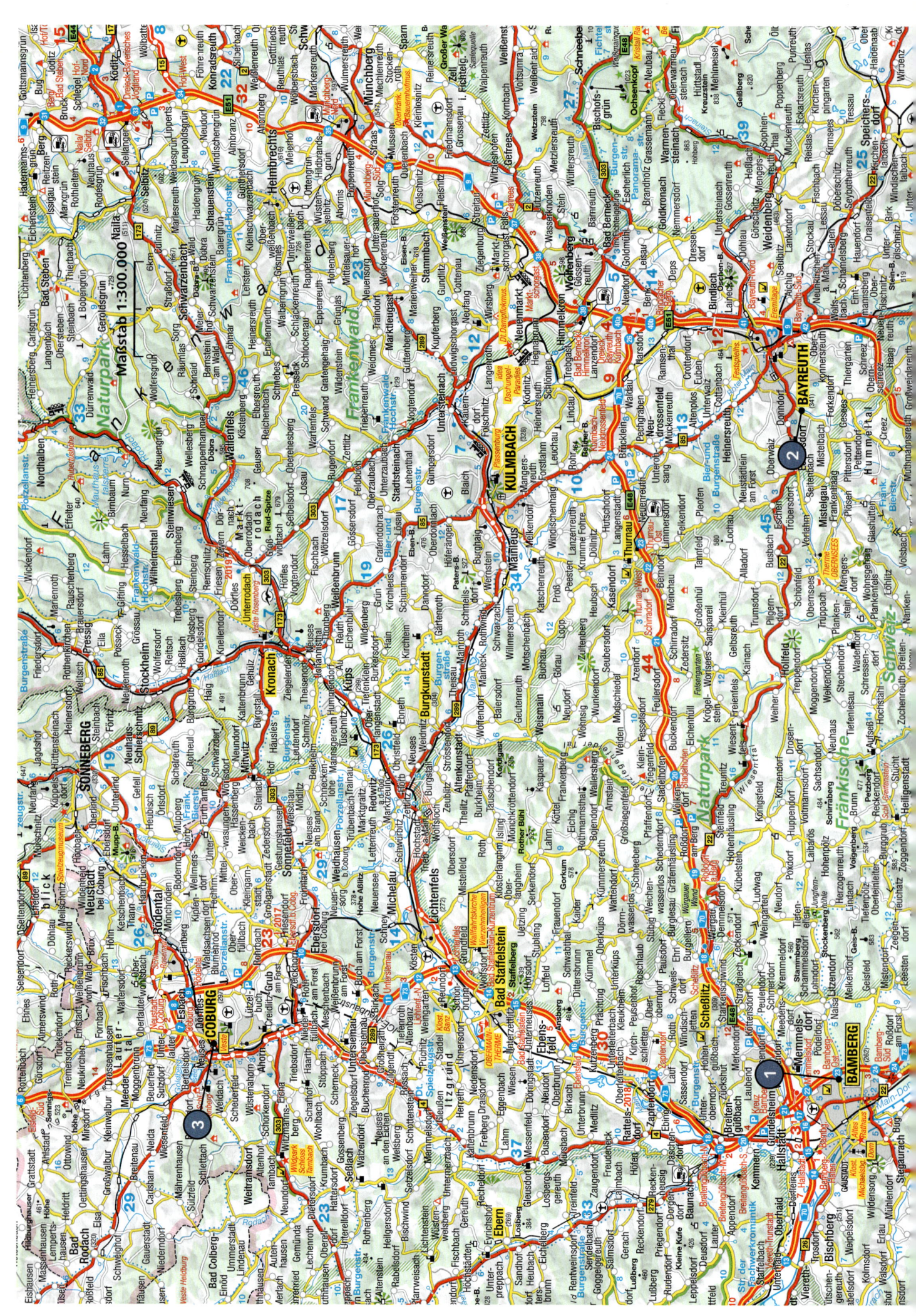

Welterbe auf großer Bühne

Der Dom mit dem einzigen Papstgrab nördlich der Alpen, ein schwebendes Rathaus oder Klein-Venedig stehen auf der Bamberger Seite. Richard Wagner, Wagner und nochmals Wagner machten Bayreuth weltweit bekannt. Während Coburg und seine Veste mit dreifacher Ringmauer in Oberfrankens hohem Norden ein wenig im Schatten blüht – aber es wäre schade, es dort zu vergessen.

❶ Bamberg

Die Bischofs- und Universitätsstadt (70 000 Einw.) hat den Zweiten Weltkrieg fast ohne Schaden überstanden und präsentiert sich wie vor Hunderten von Jahren. Das Bistum (ab 1007) und die Abteien und Stifte waren Basis der Blüte bis 1803, als das Fürstbistum aufgehoben wurde.

SEHENSWERT

Der erste **Dom** wurde 1012 geweiht (heutiger Bau bis 1237). Über den Bamberger Reiter (um 1235) im Kaiserdom gibt es nur Vermutungen. Das Kaisergrab von Heinrich II., um 1500 geschaffen von Tilman Riemenschneider, und das Grab von Papst Clemens II. (1005–1047), vormals Bamberger Bischof, gehören wie der Altar von Veit Stoß (1523) zu den Höhepunkten. Neben dem Dom stehen die **Alte Hofhaltung** aus der Renaissance (Urspr. 11. Jh., 15./16. Jh.),

Tipp

Wie in Los Angeles

Sowohl in Bamberg als auch in Bayreuth gibt es Bundesliga-Basketball, wobei die Bamberger Brose Baskets ganz oben mitspielen und zu den besten deutschen Mannschaften gehören. Sie qualifizieren sich regelmäßig für die Euroleague, so dass auch die internationale Elite den Weg in die Brose Arena findet, wo knapp 7000 Zuschauer Platz finden. Medi Bayreuth muss im Mittelfeld zwar kleinere Brötchen backen, Bundesliga-Spitzenbasketball gibt es in der Saison zwischen Aug. und Mai aber auch hier in der Oberfrankenhalle mit 4000 Plätzen.

www.brosebamberg.de
www.medi-bayreuth.de

das **Kapitelhaus** und die prachtvolle **Neue Residenz** (16./17. Jh.) mit ihrem Rosengarten. Von den weiteren Kirchen rund um den Dom ist die mächtige gotische **Obere Pfarrkirche** von 1323 hervorzuheben. Das **Böttingerhaus** (bis 1713) ums Eck gehört zu den schönsten bürgerlichen Barockwerken, das Wasserschloss **Concordia** (bis 1722) am Regnitz-Ufer zu den verspieltesten Gebäuden der Stadt. Im **Karmelitenkloster** aus dem 12. Jh. wirken seit 1589 die Karmeliten. Und am Michaelsberg liegt das im 18. Jh. barockisierte ehem. **Benediktinerkloster St. Michael** mit den Gräbern der Bamberger Bischöfe. Dort wurde schon vor 900 Jahren Bier gebraut. Bischof Otto I. hatte der Stadt das Braurecht gegeben, und die Bamberger dankten ihm, in dem sie ihn als Heiligen verehrten. Von den Terrassen schöne Blicke zum Dom und auf die Altstadt an der Regnitz. Unten, am Linken Regnitzarm, liegt **Klein-Venedig**, eine ehem. Fischersiedlung mit Fachwerkhäuschen und Vorgärtchen direkt am Fluss.

Glanzpunkt der Inselstadt ist das **Alte Rathaus** TOPZIEL (15. und 18. Jh.) auf der Regnitz-Insel, Bambergs schönster Profanbau: Das kleine Fachwerkhaus scheint über dem Fluss zu schweben. Dahinter erhebt sich **Schloss Geyerswörth**, das frühere bischöfliche Stadtschloss aus dem 16. Jh. Wer auf den Turm steigt, hat einen prächtigen Blick über Altstadt, Dom, Rathaus und Kirchen rundum.

MUSEEN

In der Neuen Residenz ist die **Staatsgalerie** untergebracht, mit Kaisersaal (Domplatz 8, www.schloesser.bayern.de; April–Sept. tgl. 9.00–18.00, sonst tgl. 10.00–16.00 Uhr). In der Alten Hofhaltung ist das **Historische Museum** zu Hause (Domplatz 7, http://museum.bamberg.de; Mai–Okt. Di.–So. 9.00–17.00 Uhr). Nebenan ist im **Diözesanmuseum** der Bamberger Domschatz zu finden (Domplatz 5, www.dioezesanmuseum-bamberg.de; Di.–So. 10.00–17.00 Uhr). Für alle drei Museen gibt es eine Eintrittskarte, das Domberg-Ticket. 1808 kam er nach Bamberg, um als Musikdirektor am Theater zu arbeiten: der Dichter **E. T. A. Hoffmann** (1776–1822), dessen nur zwei Fens-

Im Fränkischen Brauereimuseum zu Bamberg

ter breites Wohnhaus zu besichtigen ist (Schillerplatz 26, www.etahg.de; Mai–Okt. Di.–Fr. 15.00–17.00, Sa. und So. 10.00–12.00 Uhr). Im Vogelsaal des **Naturkundemuseums** kommen Naturkundler auf ihre Kosten (Fleischstraße 2, www.naturkundemuseum-bamberg.de, April–Sept. 9.00–17.00, sonst bis 16.00 Uhr). In den Kreuzgewölben auf dem Michaelsberg findet man das **Fränkische Brauereimuseum** und erlebt den Werdegang des Bieres vom Halm zum Krug (Michelsberg 10f, www.brauereimuseum.de; April–Okt. Mi.–Fr. 13.00–17.00, Sa. und So. 11.00–17.00 Uhr).

AKTIVITÄTEN

In 90 Minuten erfährt man auf dem **E. T. A.-Hoffmann-Weg** Spannendes über den Dichter (Download der Wegbeschreibung: www.bamberg.info/veranstaltungen/eta-hoffmann-weg-31994-3141838.
Ab Dez. ist Bamberg eine der besten Adressen für **Krippenwege** in Deutschland.

VERANSTALTUNG

Das Kirchweihfest **Sandkerwa** im Aug. bietet auch das beliebte Fischerstechen.

HOTELS UND RESTAURANTS

Im € € € **Residenzschloss** logiert man am Ufer der Regnitz (Untere Sandstraße 32, 96049 Bamberg, Tel. 0951 6 09 10, www.welcome-hotels.com). Wie ein Schiff liegt das € € **Nepomuk** im Mühlenviertel mitten in der Regnitz (Obere Mühlbrücke 9, 96049 Bamberg, Tel. 0951 9 84 20, www.hotel-nepomuk.de). Im Traditionswirtshaus € € **Schlenkerla**, bereits 1405 erwähnt, gibt es Deftiges wie Kesselfleisch und Bratwürste und das berühmte Rauchbier aus dem Eichenholzfass (Dominikanerstraße 6, Tel. 0951 5 60 60, www.schlenkerla.de). Von der Terrasse und der kühl schwarz-weiß gestylten Lounge im € **Bergschlösschen** genießt man Domblick, ein Frühstück oder leichte Speisen (Am Bundleshof 2, Tel. 0951 20 85 88 90, www.hotelbergschloesschen.de).

UMGEBUNG

In **Memmelsdorf** (nordöstl.) liegt **Schloss Seehof**, ab 1686 barocke Sommerresidenz der Bamberger Fürstbischöfe. Neun Prunkzimmer können besucht werden (Tel. 0951 40 95 71; April–Okt. Di.–So. 9.00–18.00 Uhr). Eindrucksvoll sind auch die Wasserspiele (Mai–Sept. tgl. 10.00–17.00 Uhr zur vollen Stunde).

INFORMATION

Tourist-Information, Geyerswörthstraße 5, 96047 Bamberg, Tel. 0951 2 97 62 00
www.bamberg.info

❷ Bayreuth

Der Hauptort Oberfrankens (70 000 Einw.; Stadtrecht 1231) ist weltbekannt durch Richard Wagner (1813–1883), präsent auf Schritt und Tritt. Große Künstler wie Franz Liszt und Jean Paul hinterließen nur zarte Spuren. Von hier aus bauten die hohenzollernschen Burggrafen von Nürnberg ihre Macht bis nach Preußen aus. Von 1603 bis 1792 war Bayreuth Residenz.

SEHENSWERT

Das **Festspielhaus** am Grünen Hügel, etwa 2 km vom Zentrum entfernt, gehört zu den größten Opernhäusern der Welt und soll die beste Akustik haben. Ab 1872 nur für Richard Wagner und seine Kunst erbaut und 1876 mit „Rheingold" eröffnet. Das Welterbe **Markgräfliches Opernhaus** wird (wohl bis 2018) restauriert. Die älteste benutzte **Synagoge** in Deutschland von 1760 wurde in der Reichskristallnacht verschont, weil sie Wand an Wand zum Markgräflichen Opernhaus erbaut ist.

In der Fußgängerzone Maximilianstraße, die plätschernd von einem Zierbächlein begleitet wird, liegt das **Alte Schloss** (16. Jh.), einst Sitz der Markgrafen, heute Heimat fürs Finanzamt. In der Nähe finden sich neben der gotischen Stadtkirche (14. und 15. Jh.) Jean Pauls Wohn- und Sterbehaus sowie Richard Wagners erstes Domizil in Bayreuth. Versetzt dahinter, begegnen sich das repräsentative **Neue Schloss** (ab 1753; Ludwigstraße 21, www.schloesser.bayern.de; April–Sept. tgl. 9.00–18.00, sonst tgl. 10.00–16.00 Uhr) und das Regierungsgebäude von Oberfranken. Dazwischen steht der Markgräfler-Brunnen, der den Regenten selbstbewusst als Herrn aller Kontinente zeigt.

MUSEEN

Haus Wahnfried ist seit 1976 Richard-Wagner-Museum. Zuvor war es das Wohnhaus der Familie Wagner (Wahnfriedstraße 2, Tel. 0921 75 72 86, www.wagnermuseum.de; Juli und Aug. tgl. 10.00–18.00, sonst Di.–So. 10.00–18.00 Uhr). Das **Franz-Liszt-Museum** gleich nebenan skizziert Leben (1811–1886) und Werk des Klaviervirtuosen und Komponisten (Tel. 0921 5 16 64 88; Juli und Aug. tgl. 10.00–17.00 Uhr, sonst kürzer).

Das **Maisel's Brauerei-Museum** ist eines zum Anfassen: Maschinen- und Sudhaus, Büttnerei oder Fassmacherei funktionieren noch wie früher (Kulmbacher Straße 40, Tel. 0921 40 12 34, www.maisel.com; Führung tgl. 14.00 und 18.00 Uhr).

AKTIVITÄTEN

Eine Broschüre zum **Walk of Wagner** hält die Tourist-Information bereit (siehe auch S. 101). Die **Katakombentour** durch das 400 Jahre alte Bierkellerlabyrinth dauert 90 Min. (www.bayreuther-bier.de; tgl. 16.00 Uhr). Entspannen

In Bayreuths Neuem Schloss sind prunkvolle Gemächer und Fayencen zu sehen

und die Seele baumeln lassen heißt es in der Lohengrin Therme (www.lohengrin-therme.de).

VERANSTALTUNGEN

Richard-Wagner-Festspiele siehe S. 101. Das **Afrika-Festival** im Juli ist ein Straßenfest in der Innenstadt mit afrikanischen und karibischen Klängen und Speisen und Basar. Das Motto über allem: Wakadjo – lass' uns tanzen!

HOTEL UND RESTAURANTS

Im Residenzschloss ist das € € **Hotel Ramada** untergebracht mit Sonnenterrasse und Wintergarten, Wellness- und Fitnessbereich (Erlanger Straße 37, Tel. 0921 7 58 50, www.ramada.de). Im etwas außerhalb gelegenen Bio-Restaurant € € € **Stein** speist während der Festspiele Angela Merkel. Seit Jahren bezieht die Kanzlerin dieselbe Suite (Seulbitzer Straße 79, 95448 Bayreuth, Tel. 0921 90 01, www.waldhotel-stein.de). Siegfrieds Drachenschnitzel oder eine Walküren-Brust gibt es in Wagners einstiger Lieblingswirtschaft, der € € € **Eule** (Kirchgasse 8, Tel. 0921 95 80 27 95, www.eule-bayreuth.de).

UMGEBUNG

Östl. außerhalb des Zentrums lohnt die verspielte **Eremitage**, einst ein Refugium höfischen Lebens, heute ein Park für alle (Eremitage 1, Tel. 0921 7 59 69 37, www.schloesser.bayern.de; April–Sept. tgl. 9.00–18.00, bis Mitte Okt. tgl. 10.00–16.00 Uhr). Man wandelt an Apollo und den Sabinerinnen vorbei und entspannt bei Wasserspielen (Mai–Okt. tgl. 10.00 bis 17.00 Uhr zur vollen Stunde). Markgräfin Wilhelmines **Sanspareil** (20 km westl.) vereint natürliche Felsen, die mittelalterliche Burg Zwernitz und Gärten in einem Ensemble, das unter Denkmalschutz steht (Sanspareil, Wonsees, Tel. 09274 80 89 09 11, www.schloesser.bayern.de; April–Sept. 9.00–18.00, 1.–15. Okt. 10.00–16.00 Uhr; Park ganzjährig geöffnet).

INFORMATION

Tourist-Information
Opernstraße 22, 95444 Bayreuth
Tel. 0921 88 57 55,
www.bayreuth-tourismus.de

❸ Coburg

Die Veste, die über Coburg thront, gehört zu den größten Burganlagen Deutschlands. Neugotik und Jugendstil hinterließen eindrucksvolle Bauten am jahrhundertelangen Sitz der Herzöge von Sachsen-Coburg (40 000 Einw.).

SEHENSWERT
Auf dem **Marktplatz** steht das Bronze-Denkmal für Prinz Albert (1865), das seine Frau, die britische Königin Victoria, der Stadt schenkte. Blickfang über allem ist aber die **Veste TOP-ZIEL** (Urspr. 13. Jh.) mit drei Ringmauern (17. Jh.), drei großen Türmen, zwei Höfen und vier Basteien. Dagegen sehen die drei weiteren Herzogschlösser deutlich kleiner aus: die **Ehrenburg** (16. und 17. Jh.), die zusammen mit dem Landestheater den Schlossplatz im Zentrum dominiert, **Schloss Callenberg**, das neugotische Jagd- und Sommeranwesen in Beiersdorf, und Schloss Rosenau (15. Jh.) am Stadtrand, 1819 Geburtsort von Prinz Albert.

AKTIVITÄT
Südl. etwas außerhalb, in Untersiemau, kann man den ersten deutschen **Astronomischen Lehrpfad** begehen.

VERANSTALTUNGEN
150 000 Gäste, 3000 temperamentvolle Tänzerinnen und Tänzer in farbenprächtigen Kostümen und phantasievolle Shows, begleitet von hundert Gruppen mit Musikern und Trommlern aus der ganzen Welt fährt das **Samba-Festival** alljährlich im Juli auf (www.samba-festival. de). **Vogelschießen** nennt sich das Volksfest ab dem letzten Juli-Wochenende.

HOTEL UND RESTAURANT
Die € € € **Villa Victoria** ist ein charmantes Biedermeier-Haus (Ketschendorfer Straße 2, 96450 Coburg, Tel. 0956 17 95 37 90, www.hotel-villa-victoria.de). Traditionell über Kiefernzapfen gebratene Coburger Bratwürste gibt es im € € **Ratskeller** (Markt 1, Tel. 09561 9 24 00, www.ratskeller-coburg.de).

UMGEBUNG
Seit dem 15. Jh. streben Wallfahrer nach Vierzehnheiligen, um den Schutz der in Bayern sehr geschätzten Vierzehn Nothelfer zu erlangen. Ihnen zu Ehren entstand in **Bad Staffelstein** bis 1772 eines der genialsten Bauwerke von Balthasar Neumann, die Basilika Vierzehnheiligen. Das im 11. Jh. gegründete **Kloster Banz** (um 1700) auf der anderen Mainseite steht dem kaum nach. 8 km nordöstl. liegt **Lichtenfels**, mit traditionellem Korbmarkt und Deutschlands einziger Schule für Korbflechterei als „Deutsche Korbstadt" bekannt. Das Stadtmuseum vermittelt hier u.a. Wissenswertes über den Korbhandel (www.lichtenfels.de).

INFORMATION
Tourist-Information
Herrngasse 4, 96450 Coburg
Tel. 09561 89 80 00
www.coburg-tourist.de

Genießen   Erleben   Erfahren

DuMont
Aktiv

Ein Schweigen, das erzählt

Auf dem preisgekrönten Steigerwald-Panoramaweg, der sich über 161 Kilometer und neun Etappen erstreckt, kommen alle auf ihre Kosten. Der gesamte Weg von Bamberg bis Bad Windsheim ist einheitlich und übersichtlich beschildert. Die Anfangs- oder Schlussetappe, je nach Sichtweise, führt von Bamberg auf 23 Kilometern nach Eltmann.

Beim Wandern wird der Kopf frei. Die Augen machen Urlaub, die Nase Wellness. Und der Mund hat auch mal Ruhe. Aus stundenlangem Wandern wird ja häufig stundenlanges Schweigen. Ein Schweigen, das so vieles erzählt, weil man nur so die kleinen Geheimnisse in Wald und Wiese erkennt: dort einen Hasen, in der Ferne ein Reh, ein zierliches Blatt, auf dem sich ein Falter niedergelassen hat, die Ameisenstraße, auf der es so emsig zugeht. Man sieht schmackhafte Beeren als Zwischendurchsnack und zur rechten Zeit eine Lichtung, die perfekt für die Brotzeit passt.

Ab Bamberg geht es zunächst hoch über dem Maintal mit immer neuen Fernsichten entlang, ehe durch einsame Wälder und Wiesen marschiert wird. Bei Priesendorf wartet eine kleine Grenze: Die Gemeinde liegt am Flüsschen Aurach, der die Grenze zwischen Ober- und Unterfranken markiert. Das Ziel der Etappe, die Stadt Eltmann, bietet Wohlverdientes an: von der Brotzeit-Wirtschaft bis zum Speiserestaurant, in denen fränkische Spezialitäten auf den Tisch kommen. Eltmann liegt zudem am Übergang von Bierfranken zu Weinfranken, so dass man das Beste aus Brauhaus und Winzerkeller wählen kann. Zweimal pro Stunde geht ein Bus zurück nach Bamberg.

Weitere Informationen

Wandertafeln geben Auskunft über das Gebiet, Aussichten, Beschaffenheit, Sehenswürdigkeiten und Ortschaften.

Der Steigerwald-Panoramaweg wurde vom Deutschen Wanderverband ausgezeichnet. www.steigerwald-panoramaweg.de

Wer zu Fuß die Landschaft erkundet, nimmt sie weitaus intensiver wahr, besonders, wenn man auch einmal schweigen kann.

Einmal Bayern ganz oben

„Diesseits des Meeres finde ich wohl nie so einen Ort wieder." Das sagte Alexander von Humboldt, der in Sachen Natur Weltreisende, nicht von seiner Heimatstadt Berlin oder von Paris, wo er auch länger weilte, sondern von Bad Steben in Oberfranken. Was zeigt, dass es sich lohnen kann, den letzten Zipfel Frankens zu besuchen. Eine Visite zwischen Frankenwald und Fichtelgebirge.

Bad Stebens Therme in der
„Langen Nacht der Sinne"

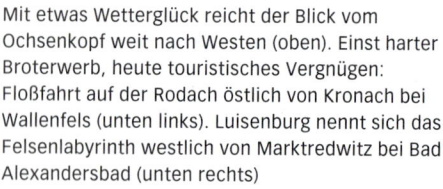

Mit etwas Wetterglück reicht der Blick vom
Ochsenkopf weit nach Westen (oben). Einst harter
Broterwerb, heute touristisches Vergnügen:
Floßfahrt auf der Rodach östlich von Kronach bei
Wallenfels (unten links). Luisenburg nennt sich das
Felsenlabyrinth westlich von Marktredwitz bei Bad
Alexandersbad (unten rechts)

Der Naturpark Frankenwald ist mit seiner Ruhe ein echtes Wanderparadies

Gähn, zitter, stöhn, lach – solche Verkürzungen gehören seit jeher zur Comic-Sprache – speziell in Entenhausen, wo Donald Duck zu Hause ist. Im amerikanischen Original heißt die Ortschaft Duckburg. Aber die deutsche Übersetzerin, Erika Fuchs, verlegte Disneys fiktive Entenwelt für die deutschen Ausgaben in ihre oberfränkische Heimat, rund um Schwarzenbach an der Saale bei Hof. Also betreibt Dagobert Duck, der ebenso steinreiche wie geizige Onkel von Donald, einen Skilift auf dem Ochsenkopf, wo sich gute Taler machen lassen. Während andere Episoden in Kleinschloppen, Schnarchenreuth oder Schnabelwaid spielen.

Der Hofer Wärschtlamo lacht über die Donald Duck geschuldete Berühmtheit seiner Stadt. „Die Jugend liest den ja nicht mehr", sagt einer der letzten verbliebenen acht mobilen Würstchenmänner. „Ich habe die Geschichten noch unter der Bettdecke mit der Taschenlampe gelesen", sagt der mit dem typischen tragbaren Wärschtlakasten, Senftube und Henkelkorb für die Bredla ausgestattete Mann und reicht die dampfende Knackwurst. Diese Tradition reicht bis 1881 zurück, als der erste Wärschtlamo, Johann Georg Hahn, seine Runden drehte. Ein lauter Pfiff – der nächste Kunde kann kommen ...

Ein bisschen verratzt

Knapp hundert Jahre zuvor kam ein junger Mann im von Hof gar nicht weit entfernten Bad Steben an. Man schrieb das Jahr 1792. Alexander von Humboldt, 23 Jahre jung und frisch gebackener Bergbauingenieur, sollte im Auftrag der preußischen Regierung das Bergbaurevier Frankenwald und Fichtelgebirge auf Vordermann bringen. „Das tat er auch", sagt Manfred Teichmann vom Schieferbergwerk „Lotharheil". „Gründer Lothar Faber baute hier schon seit 1710 Schiefer ab. Und sein Sohn hatte Humboldt noch erlebt. Er erfand eine Grubenlampe, ein Beatmungsgerät und gründete eine Berufsschule für Bergmänner." Humboldt verließ Bad Steben als gefragter Wissenschaftler. Dass er eines Tages einer der wichtigsten Naturwissenschaftler und Mitgründer der Geographie als Wissenschaft werden würde, daran dachte damals freilich niemand. „Man muss den Stein fühlen und hören", sagt Teichmann, dessen Zehn-Mann-Betrieb in einem tief eingeschnittenen Tal liegt. Dort wird noch von Hand mit zwei Dutzend verschiedenen Hämmerchen, Meißeln und Haubrücke gearbeitet, um nach Maß passende Schieferplatten für Küche und Bad zu erstellen.

Bier, so hört man immer wieder, ist der kleinste gemeinsame Nenner in Oberfranken. Den Leuten ist zuweilen gar nicht so einfach beizukommen. Und je abgelegener, um so schwieriger wird es. Bei einem Seidla allerdings wird der Fremde schnell zum Kumpel. Das erste „Is' mir doch wurscht", kann nämlich heißen: „Eigentlich traue ich mich nur nicht zu sagen, was ich möchte." Ein Oberfranke will erst ein wenig erobert sein, ehe seine Schutzhülle fällt. Schickimickis haben dabei wenig Chancen, ein bisschen verratzt und nicht so perfekt sein, ist schon besser. „Er war zu jedem äußerst freundlich", sagt Oliver Weschenfelder vom Kulmbacher „Liquid", als der berühmteste Sohn der Stadt, Thomas Gottschalk, bei ihm in der Bar auftauchte. „Er war überhaupt nicht abgehoben. Das hat uns allen gut gefallen." Hauptsache man ist eben ehrlich, wie auch Manfred Teichmann: „Offizielle Führungen mache ich keine. Aber zufällig vorbeikommenden Radlern zeige ich gerne alles. Es könnten ja Kunden daraus werden ..."

Wirtschaftlich wackelig

Marketing auf Oberfränkisch gab es schon nachweisbar in der Renaissance, und einer der Ersten des Fachs ist ausschließlich als Künstler bekannt: Lucas Cranach der Ältere, der sich nach seiner Geburtstadt Kronach benannte. Zu

Der Festungsbau Rosenberg überragt Kronach (oben), das am Melchior-Otto-Platz 1654 für den Bamberger Bischof diese Ehrensäule errichtete (Mitte links). Der Jugendstil-Luitpoldbrunnen auf dem Kulmbacher Marktplatz wurde 1899 zu Ehren des Prinzregenten Luitpold eingeweiht (Mitte rechts)

In Kronachs Amtsgerichtsstraße ist der „s'Antla Brauereigasthof" zu finden

Auf der Festung Rosenberg erinnert Kronach an seinen großen Sohn Lukas Cranach

Die Bibliothek des Klosters Waldsassen schmücken von Karl Stilp meisterhaft gearbeitete lebensgroße Schnitzfiguren. Sie versinnbildlichen die unterschiedlichen Arten des Hochmuts und stützen die Empore

seiner Zeit war Cranach der Clevere mehr Geschäftsmann und stand sicher auch deshalb im Schatten von Albrecht Dürer. „Er war einer der ersten Maler-Unternehmer", sagt Kerstin Löw, Leiterin der länderübergreifenden Kooperation „Wege zu Cranach". Erst ab 1505, als er Hofmaler am kursächsischen Hof wurde, widmete er sich ausschließlich der Kunst. Lies, hör, staun, lach – auch in Oberfranken wird eben Weltgeschichte geschrieben. Oder wurde ... Denn die Welt war für knapp 50 Jahre sehr weit weg.

Drei Meter hoch, kalt, bestens gesichert: Die Mauer von Mödlareuth verlief direkt durchs Dorf. Und in diesem „Little Berlin" spürt man noch heute, was der Kalte Krieg für den letzten Zipfel Frankens bedeutete: Isolierung, weil abgeschnitten von funktionierenden Handels- und Verkehrsströmen. Nach der Teilung Europas versuchte der Staat diese wirtschaftsgeografische prekäre Randlage mit Beihilfen auszugleichen. Es half – ein bisschen.

Aus fürs Weiße Gold

Nach 1990 wurde die Grenzlandförderung eingestellt, doch dann kam die Konkurrenz aus Tschechien nebst billiger Arbeitskraft, und Firmen wanderten ungeniert dahin ab, wo es andere Fördergelder gab. Beispiel Porzellanwirtschaft:

„Rosenthal" und „Hutschenreuther" verhalfen der Region des Weißen Goldes einst zu Wohlstand, sorgten dank ihrer einfallsreich gestalteten und weltweit geschätzten Produkte sogar für einen Hauch internationalen Flairs, bieten aber jetzt – nunmehr in italienischen Händen – kaum noch Arbeitsplätze. Bis 1990 kamen noch 90 % des deutschen Porzellans aus Selb oder Arzberg. Heute sind die Fabriken ein Schatten ihrer selbst. Irgendwie lebt man weiter an der Grenze, allerdings inzwischen ohne Grenzlandförderung.

BAYERISCHE STAATSBÄDER IN FRANKEN

Radon mit Bling-Bling

Von Frankens 17 Heilbädern sind vier Bayerische Staatsbäder.
Bad Kissingen, Bad Bocklet, Bad Brückenau und Bad Steben haben die Vision:
Historisches erhalten, Zeitgemäßes entwickeln – gezeigt am Beispiel Bad Stebens.

Auch Bad Kissingen ist ein Bayerisches Staatsbad. An der Westseite des dortigen Kurgartens errichtete Friedrich von Gärtner, dem Klassizismus verpflichtet, den Arkadenbau

Im Jahr 1832 stirbt Goethe in Weimar. Demokraten und Nationale feiern das Hambacher Fest, und in New York nimmt die erste Straßenbahn der Welt, von Pferden gezogen, ihren Betrieb auf. 1832 ist auch das Jahr, in dem das Königreich Bayern der Gemeinde Steben den Titel Bayerisches Staatsbad verleiht. Eine Auszeichnung mit der Aufgabe, Menschen zu helfen, sie mit Hilfe der Natur zu heilen. Sechs Jahre später eröffnet das erste Badehaus nach Entwürfen des bayerischen Hofbaumeisters Leo von Klenze. Er wusste, was der Mensch braucht: viel Raum, viel Licht, viel Luft. Vieles andere aus den 1830er-Jahren wirkt dagegen im 21. Jahrhundert wie Ballast, der, neudeutsch formuliert, die Ergebnisse drückt.

Bad Steben hat 1700 Betten für 40 000 Übernachtungsgäste, 1000 davon stehen aber in Krankenhäusern. Das Konzept Staatsbad war nie darauf ausgelegt, eine schwarze Null zu schreiben, und die Aufwendungen für die allgemeinen Kur-Infrastrukturleistungen können mit der Kurtaxe längst nicht gedeckt werden. Und wo man wahrscheinlich Geld verdienen könnte, gibt es andere Barrieren: „Ich soll Profit machen, darf aber nicht werben. Das ist schwierig", klagt Udo Braunersreuther, Direktor der ortsansässigen ultramodernen Spielbank. „Bis auf die letzten Jahre sind zwar Milliardengewinne von den neun bayerischen Spielbanken an den Freistaat abgeführt worden, aber die Finanzkrise, die Konkurrenz im Internet und das Rauchverbot sorgten für ein Drittel Einbußen und

Verluste." Die wellenförmige Architektur des Casinos soll das Auf und Ab des Glücks symbolisieren, doch es scheint, dass das Ab die Oberhand behält: Obwohl in all den Bad Stebener Jahren erst ein Gast sechsstellig gewonnen hat, macht das Casino bei 30 000 Besuchern zwar 2,3 Millionen Umsatz, aber keine Gewinne.

Von Kur zu Wellness

Ottmar Lang sieht die Situation dennoch entspannt. Er hat die Aufgabe bekommen, Bad Steben von einem klassischen Kurort zu einem Erholungsort zu machen, Historisches zu erhal-

Die Bad Kissinger Wandel-
und Brunnenhalle
entstammt noch
königlich-bayerischen
Zeiten und wurde
1911 unter großer
gesellschaftlicher
Anteilnahme eröffnet

Blick aus Bad Bernecks Kolonnaden in den dortigen Kurpark (oben). Die Arkaden der Säulenwandelhalle von Bad Steben (unten)

genem Staatsbad." Genau 578 Meter hoch liegt dieses Bad Steben, das wie die anderen Staatsbäder von einem historisch gewachsenen staatlichen Kurbad mit all seinen Pflichten, den Gebäuden, den Kulturveranstaltungen, den Orchestern und Theatern zu einem profitablen Unternehmen entschlackt werden soll.

Das Kapital Bad Stebens sind die Heilwasser-Quellen mit Radon und Kohlensäure und das Naturmoor, eine in Westeuropa einmalige Kombination. Darauf aufbauend, eröffnete man nach der Wandlung des Staatsbads zur GmbH die Spielbank, die Thermen und zum 175. Geburtstag des Staatsbads die Erweiterung der Thermen mit Wellness-Zentrum und Wellness-Dome. Schon die Bezeichnungen – Wellness statt Kur und Dome statt Badehaus – schreit förmlich: Hallo, wir sind im 21. Jahrhundert angelangt! Es gibt Erdbeer-Wellness oder Vinotherapie. Und bei Hot Stone auf Fränkisch wird erwärmter Frankenwald-Schiefer auf die Energiepunkte des Körpers platziert. „Die Welt lernte Lesen und Schreiben auf Schiefertafeln", sagt Ottmar Lang. „Heute verwöhnen wir die Gäste mit unserem ölig-feinkörnigen Gestein."

Farbenspiele in der Schiefergrotte

Ein bisschen Bling-Bling gehört eben zum Geschäft. Im Wellness-Dome ist das sogar wörtlich zu nehmen: Stündliche Light-Shows, Farbspiele in der Schiefer-Dampfgrotte oder die Sand-Loggia mit Meeres-Feeling lassen die Kurbad-Aura Vergangenheit sein. Die Zeiten sind vorbei, wo mit dem nicht geschützten Begriff Wellness allerlei Etikettenschwindel betrieben wurde. Nichts davon trifft auf Bad Steben zu: Alle Einrichtungen und Angebote haben hohes Niveau. Jetzt fehlen zu den Kurgästen die jüngere Kundschaft und ein paar Hotels mit Vier-, Fünf-Sternen und modernen Sauna- und Poollandschaften, um auch für finanzkräftige Gäste eine Wahl zu sein. Aber was noch nicht ist, kann ja noch werden. Der Grundstein für den Wandel ist jedenfalls gelegt.

ten und Zeitgemäßes zu entwickeln – was so einfach klingt. Der Kurdirektor und Geschäftsführer der Bayerischen Staatsbad Bad Steben GmbH gibt sich optimistisch: „Wir haben alles hier! Moderne Anlagen und eine intakte Natur drumherum – das ist der Reiz von Bayerns höchstgele-

Fakten & Informationen

....

Staatsbad & Touristik Bad Bocklet GmbH
Kurhausstraße 2, 97708 Bad Bocklet, Tel. 09708 70 70 30,
www.badbocklet.de

Staatliche Kurverwaltung Bad Brückenau
Gäste-Information, Heinrich-von-Bibra-Straße 25, 97769 Bad
Brückenau, Tel. 09741 80 20, www.badbrueckenau.com

Bayerisches Staatsbad Bad Kissingen GmbH
Münchner Straße 5, 97688 Bad Kissingen, Tel. 0971 8 04 84 44,
www.badkissingen.de

Bayerisches Staatsbad Bad Steben GmbH
Badstraße 31, 95138 Bad Steben, Tel. 09288 96 00,
www.bad-steben.de

In der vom Architekten
Meinhard von Gerkan
entworfenen und 2001
eröffneten Spielbank Bad
Stebens kann jedermann
Fortuna herausfordern

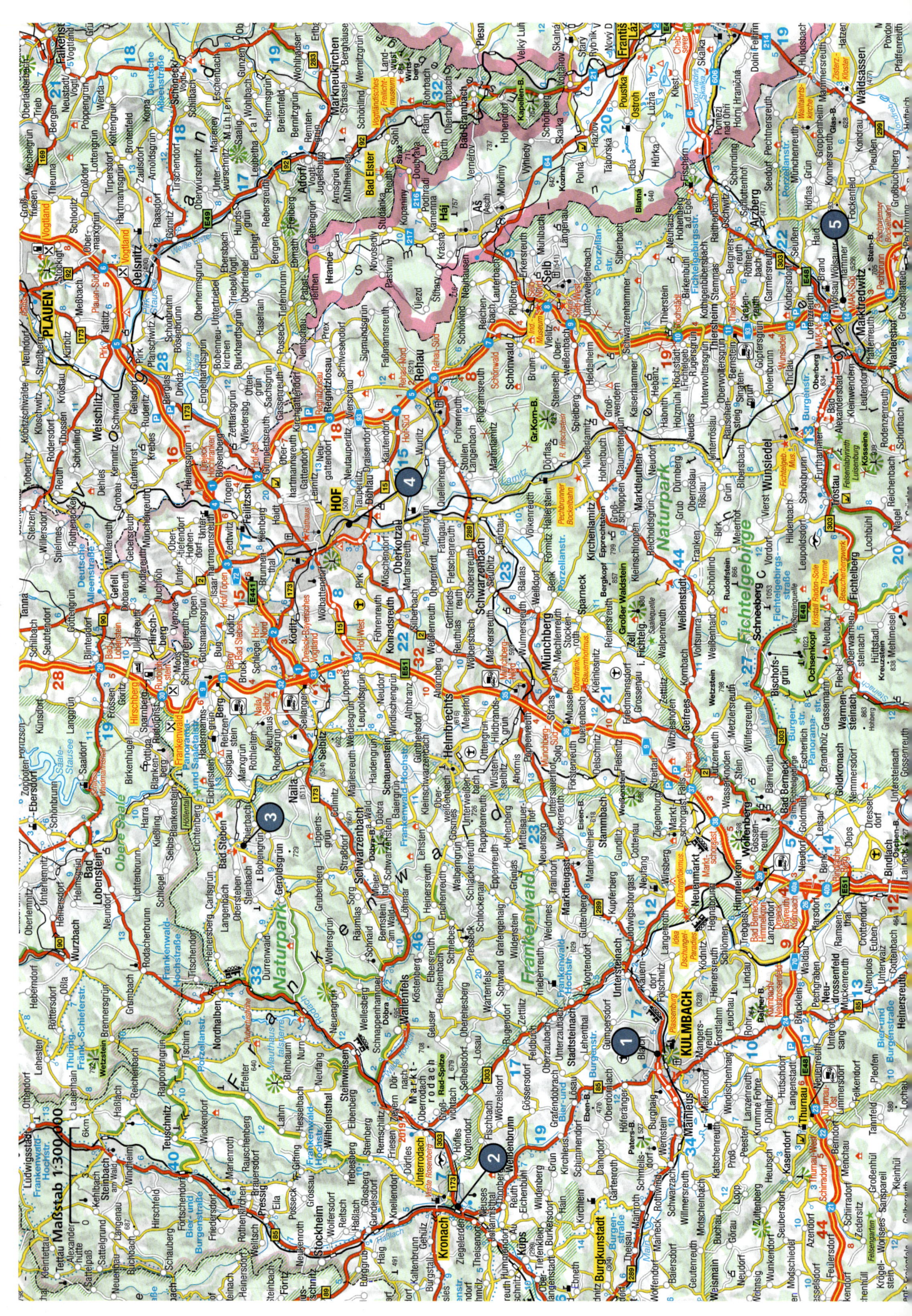

Bergbau,
Bier und Bäder

Die Münchbergsenke bildet die natürliche Grenze zwischen den Mittelgebirgen Frankenwald im Westen und Fichtelgebirge im Osten. In ihr verläuft die Autobahn 9, die Bayreuth vom Süden her mit Hof verbindet. Trotz der guten Verkehrslage tun sich viele Orte hier wirtschaftlich schwer – vor allem im Fichtelgebirge, das sich nach Jahrzehnten der Randlage nun Konkurrenz aus dem Osten gegenübersieht.

❶ Kulmbach

Die Stadt am Rand des Frankenwalds (30 000 Einw.) nennt sich selbstbewusst Welthauptstadt des Bieres. Nicht nur wegen der Großbrauereien im Ort, auch fast jedes Dorf in der Gegend braut sein eigenes Bier. Ab 1340 gehörte Kulmbach den Hohenzollern und kam damit 1791 an Preußen.

SEHENSWERT
Von der 116 m über Kulmbach thronenden **Plassenburg** TOPZIEL (16. Jh., Urspr. früher) hat man einen wunderbaren Blick. Sie war der Sitz der Markgrafen, ehe diese nach Bayreuth abwanderten. Der „Schöne Hof" zählt zu den besterhaltenen Renaissance-Höfen, die Anlage zu den größten Festungsbauten der Renaissance in Deutschland. Ein Spaziergang von Fachwerk zu Fachwerk und von Brunnen zu Brunnen, durch Renaissance und Barock, führt vom **Holzmarkt** über die Langgasse zum **Marktplatz.** Nr. 7 ist das Geburtshaus von „Rolex"-Gründer Hans Wilsdorf.

MUSEUM
Das **Bayerische Brauereimuseum** gehört zu den wichtigen dt. Ausstellungen zur Biergeschichte (Kulmbacher Mönchshof, www.kulmbacher-moenchshof.de/Brauereimuseum.htm). Auf der Burg hat das **Zinnfigurenmuseum** seine Heimat, mit über 300 000 Figuren in 150 Dioramen (April–Okt. tgl. 9.00–18.00, sonst tgl. 10.00–16.00 Uhr, www.plassenburg.de).

VERANSTALTUNG
Die **Kulmbacher Bierwoche** Ende Juli/Anf. Aug. bedeutet neun Tage Ausnahmezustand.

HOTEL UND RESTAURANT
Im Landhausstil präsentiert sich das € € **Hotel Dobrachtal** (Höferänger 10, 95326 Kulmbach, Tel. 09221 94 20, www.hotel-dobrachtal.de). Im € € **Gasthof Zum Seelöwen** steht Bio auf der Karte (Grünwehr 32, Tel. 09221 8 42 00, www.zum-seeloewen.de). In der Bar **Liquid** gibt es Drinks und manchmal Thomas Gottschalk als Gast (Grabenstraße 9, Tel. 0152 53 97 22 69, www.liquid-ku.de).

Portal der Festung Rosenberg in Kronach (o.l.), Landschaft am Ochsenkopf (o.r.), Kulmbacher Plassenburg mit dem „Schönen Hof" (u.)

UMGEBUNG
Schaudichum heißt der acht Meter hohe Aussichtsturm auf dem 528 m hohen Patersberg bei **Mainleus** (westl.). Es lohnt sich …
Das einst für seine Schuhproduktion bekannte, über 100 Jahre alte **Burgkunstadt** (westl.) schmückt sich mit seinem Rathausensemble (17. Jh.), engen Gassen und Fachwerkhäusern.

INFORMATION
Tourist-Information
Buchbindergasse 5, 95326 Kulmbach
Tel. 09221 9 58 80
www.kulmbach.de

❷ Kronach

Bald 700 Jahre (bis 1803) gehörte das 18 000-Einw.-Städtchen am Fuße des Frankenwalds zum Hochstift Bamberg. Bis heute wirkt es beschaulich an der gemächlich fließenden Haßlach. Zahlreiche Fußgängerbrücken lassen die Leute ohne Umwege ans Ziel kommen.

SEHENSWERT
In Ober- und Unterstadt dominieren Kopfsteinpflaster und Sandstein, Schiefer- und Fachwerkbauten, und über allem thront die fünfeckige **Veste Rosenberg** mit mächtigen Bastionen und dem Dicken Turm (Urspr. 13. Jh., 16. und 18. Jh.). **Marktplatz** 1 ist das Geburtshaus von Lucas Cranach d. Ä. (1472–1553), und – einziger Wermutstropfen – auf einen Bratwurststand kommen vier Döner-Buden …
Waterfire ist eine 10 m hohe Video-Freilichtskulptur von Fabrizio Plessi, die ein loderndes Feuer und einen Wasserfall zeigen (Landesgartenschaugelände).
In der Festung Rosenberg ist die **Fränkische Galerie des Bayerischen Nationalmuseums** untergebracht; hier sind u. a. Werke von Lucas Cranach und Tilman Riemenschneider wieder zu sehen (www.bayerisches-nationalmuseum.de; März–Okt. Di.–So. 9.30–17.30 Uhr).

AKTIVITÄT

In Fröschbrunn (südl.) lockt eine **Sommer-
und Winterrodelbahn** (www.froeschbrunna.
de; Ostern–Okt. tgl. 10.00–17.00, Nov.–Ostern
Sa.–So. 13.00–16.00 Uhr).

HOTEL UND RESTAURANT

Im € € **Pfarrhof** nächtigt man in einem Gebäude aus dem 15. Jh., das erst jüngst zu einem modernen Hotel umgebaut wurde (Amtsgerichtsstraße 12, 96317 Kronach, Tel. 09261
50 45 90, www.stadthotel-pfarrhof.de).
Spezialitäten vom Holzkohlegrill und Bier aus
dem Felsenkeller bietet der € € **Landgasthof
Zum Goldenen Wagen** (Wötzelsdorf 13, Tel.
09261 9 48 10, www.gasthof-schmidt.de).

UMGEBUNG

Der 18 m hohe **Lucas-Cranach-Turm** auf dem
496 m hohen Kaltbucher Knock zwischen Kronach und Weißenbrunn bietet herrliche Blicke
aufs Umland. Das schöne Renaissance-**Wasserschloss Mitwitz** (überw. 16. Jh.) ist ein beliebtes Ausflugsziel (Führungen unter Tel. 0172
7 20 40 40, www.schloss-mitwitz.de). Und im
Hotel-Gasthof gegenüber gibt es schöne Zimmer und zünftige Rittermahle (Ludwig-Frei-
herr-von-Würtzburg-Straße 14, 96268 Mitwitz,
Tel. 09266 96 70, www.hotel-wasserschloss.de).

INFORMATION

Tourist-Information
Marktplatz 5, 96317 Kronach
Tel. 09261 9 72 36, www.kronach.de

❸ Bad Steben

Das Bayerische Staatsbad (3500 Einw.) war
lange Zeit (ab 8. Jh.) eine Hochburg des
Schiefer-Bergbaus im Frankenwald. Über die
Heilquellen wurde bereits im 15. Jh. berichtet.

SEHENSWERT

Das **Kurzentrum** mit Säulenwandelhalle, Klen-
zes Badehaus, beides aus dem 19. Jh., und der

Tipp

Am Busen
der Natur

Beinahe wäre man an ihr vorbeigefah-
ren: an der Jungferkättl, die in der weiteren Umgebung so bekannt ist, weil
aus ihrem Busen an Kirchweih nicht
Wasser, wie sonst, sondern Bier strömt.
Der Nixen-Brunnen aus Sandstein liegt
direkt an der Bundestraße 85 zwischen
Kronach und Kulmbach in Weißenbrunn. Kirchweih ist an jedem dritten
Sept.-Wochenende, und die Leute strömen herbei, mit Krügen in der Hand,
um an Jungferkättls Brüsten ihr Seidla
zu füllen (www.weissenbrunn.de).

Waldsassen: Kräuter aus dem Klostergarten werden getrocknet und im Klosterladen verkauft

blumenreiche Kurpark bestimmen das Bild. Die
Dorf- und Wehrkirche **St. Walburga** (Urspr. um
1000) ist die älteste im Frankenwald. Das Besondere: Es fehlt das Kirchenschiff. Im Kurhaus
befindet sich das **Grafik-Museum** mit zeitge-
nössischen Werken regionaler junger Künstler
und wechselnden Ausstellungen (www.grafik
museum-schreiner.de; tgl. 9.00–18.00 Uhr).

AKTIVITÄTEN

Die **Therme** mit Pool- und Saunalandschaft,
36-Grad-Sole-Außenbecken und Schiefer-Stol-
len bietet alles für einen Wellness-Tag (Tel.
09288 96 00, www.therme-bad-steben.de; tgl.
9.00/10.00–22.00 Uhr). Ein paar Kilometer auf
dem nahen **Rennsteig** wandern, dem ältesten
und bekanntesten deutschen Wanderweg.

VERANSTALTUNG

Das **Biedermeierfest** im Juli ist eine Zeitreise
mit Herren im Gehrock und Damen in wallen-
den Kleidern, begleitet von Drehorgeln, Hoch-
radfahrern und historischen Marktständen.

EINKAUFEN

Im **Schieferbergwerk** „Lotharheil" kann man
schöne Schieferteller, Schmuck, Vasen aus
Schiefer, aber auch Schiefertafeln und Griffel
erwerben (Geroldsgrün, www.schieferladen.
de; Mo.–Do. 8.00–17.00, Fr. 8.00–14.00 Uhr).

HOTEL UND RESTAURANTS

Das einzige gehobene Hotel im Bad ist das € €
Relaxa (Badstraße 26, Tel. 09288 7 20, www.
relaxa-hotel-bad-steben.de).
Gutbürgerliche Küche kommt in den € € **Bür-
gerstuben** auf den Tisch (Badstraße 24, Tel.
09288 16 66, www.gasthaus-buergerstuben.de).
Das 400 Jahre alte Gasthaus € € **Adelskam-
mer,** ältestes, noch bewirtschaftetes Gasthaus
im Frankenwald, liegt in Carlsgrün (westl.).
Alles aus eigenem Anbau oder eigener Zucht
(Dorfplatz 10, Tel. 09288 84 40, www.adelskam
mer.de).

UMGEBUNG

Angler zieht es nach **Schwarzenbach am
Wald** (www.fischerverein-naila.de), andere auf
den 18 m hohen Prinz-Luitpold-Aussichtsturms
auf dem Döbraberg, der mit 794 m höchsten
Erhebung des Frankenwalds.

INFORMATION

s. S. 114

❹ Hof

Oft zerstört, ging es der größten bayerischen
Stadt im Nordosten (45 000 Einw.) wie es im
umliegenden Fichtelgebirge und Frankenwald
häufig geht: auf und ab.

SEHENSWERT

Vom Rathausturm hat man einen schönen
Rundblick über die nach einem Großbrand
1823 weitgehend biedermeierlich wiederauf-
gebaute **Altstadt** sowie die Ausläufer von
Fichtelgebirge und Frankenwald. Es lohnt ein
Blick in die historische Einsteighalle (1848) des
Alten Bahnhofs, ein Stück Eisenbahnge-
schichte Deutschlands.

MUSEEN

Das private **Museum für Streichholzmo-
delle** ist im Guinness-Buch der Rekorde einge-
tragen (Harald Wirth, Georg-Könitzer-Straße 19;
Fr. 15.00–18.00 Uhr). Ein zweites privates Museum ist ebenso kurios: Der **Fernwehpark**
steht für Freiheit und Völkerverständigung.
Schilder dienen als Symbol – die größte Schil-
dersammlung in Europa (Graben 26, www.
fernweh-park.de; tgl. 24 Std.).

VERANSTALTUNGEN

Das **Burgfest** mit Mittelalterflair findet im Mai
statt. Der **Schlappentag,** das große Bierfest,
wird seit 1432 eine Woche nach Pfingsten gefeiert (mit buntem Schützen- und Handwerker-
umzug).

HOTEL UND RESTAURANT

Hinter seiner gründerzeitlichen Fassade bietet
das € € **Hotel Burghof** handbemalte Decken
und Wände (Bahnhofstraße 53, 95028 Hof, Tel.
09281 81 93 50, www.hotel-burghof.com).
Hollywood in Hof: 150 Handabdrücke von mehr
als 150 Stars geben den Rahmen für Steaks
und Burger € € € **Fernweh Diner** (Graben 26,
Tel. 09281 5 49 39 30, www.fernwehdiner.de).

UMGEBUNG

Mödlareuth, wie Berlin einst von einer Mauer
geteilt: In Oberfranken war sie 700 m lang und
3 m hoch – auch die Nachbildungen von
Mauer, Stacheldrahtzäunen und Wachtürmen
wirken beklemmend (Tel. 09295 13 34, www.
museum-moedlareuth.de; März–Okt. Di.–So.
9.00–18.00, sonst Di.–So. 9.00–17.00 Uhr).
Entenhausen-Freunde besuchen **Schnarchen-**

reuth in der Gemeinde Berg. Und in **Schwarzenbach an der Saale** wird Comic- und Donald-Fans das Erika-Fuchs-Museum gefallen (Di.–So. 10.00–18.00 Uhr, www.erika-fuchs.de).

INFORMATION
Tourist-Information
Ludwigstraße 24, 95028 Hof
Tel. 09281 815 77 77, www.hof.de

⑤ Marktredwitz

Zentrum (18 000 Einw.) einer schönen, aber strukturschwachen Region. Der Marktort gehörte lange zur böhmischen Reichsstadt Eger und damit später zu Österreich (bis 1816).

SEHENSWERT
Das **Alte Rathaus** mit Uhrturm geht auf das 14. Jh. zurück. 1777 stiftete Kaiserin Maria Theresia die **Theresienkirche**. Nicht verpassen: einen Wanderung zu den **Redwitziten**, grandiosen Steinformationen, die es nur hier gibt.

HOTEL UND RESTAURANT
Der € € **Bairische Hof** ist die beste Wahl am Platz (Markt 40, 95615 Marktredwitz, Tel. 09231 6 20 11, www.bairischer-hof.de).
Die € € **Nothaft Brauerei** bietet gutbürgerliche Küche (Ottostraße 32, Tel. 09231 29 85, www.brauerei-nothaft.de).

UMGEBUNG
In **Selb** (20 km nördl.) findet am ersten Aug.-Wochenende Europas größter Porzellan-Flohmarkt statt. In der ehem. Porzellanstadt **Arzberg** (10 km nordöstl.) blieb nur der Werksverkauf der nicht mehr betriebenen Porzellanfabrik.
Im 1133 gegründeten Kloster von **Waldsassen** (15 km östl.) leben heute zehn Schwestern. Ab 1214 Reichsabtei, war es eine der bedeutendsten Zisterzienserabteien Bayerns. Im 17. Jh. entstanden die Klosterbauten neu; die Stiftsbibliothek (um 1725) gehört zu den prachtvollsten in Deutschland (www.abtei-waldsassen.de; Palmsonntag–Okt. Di.–Fr. und So. 11.00 bis 16.00, Sa. 10.00–16.00, sonst Mi.–So. 13.00 bis 16.00 Uhr, Weihnachtszeit geschl.).
Die Luisenburg-Festspiele **Wunsiedel** im Aug. bieten ein abwechslungsreiches Programm von Volkstheater und Musical bis zu Drama, Operette und Oper (www.luisenburg-aktuell.de, www.wunsiedel.de). Der **Ochsenkopf**, zweithöchster Berg im Fichtelgebirge (1024 m), bietet Wintersportfreuden und im Sommer Wanderern und Mountainbikern ein hervorragendes Gebiet sowie eine Sommerrodelbahn (www.sommerrodel bahn-ochsenkopf.de) und einen Ziplinepark (www.ziplinepark.info); dort gleitet man auf 16 Seilstrecken an einer Rolle hängend ins Tal. Gegenüber liegt Frankens höchste Erhebung, der **Schneeberg** (1051 m).

INFORMATION
Tourist-Information, Markt 29
95615 Marktredwitz, Tel. 09231 50 11 28
www.tourismus-marktredwitz.de

Genießen   Erleben   Erfahren

DuMont
Aktiv

Durchs Grüne Band

Lange teilte der Eiserne Vorhang Deutschland und Europa. Die Natur eroberte diese fast unberührte Grenzlinie. Es entstand das Grüne Band, ein Rückzugsgebiet für Tiere und Pflanzen. Bei einer Tour mit dem Fahrrad erfährt man die Einzigartigkeit und Vielfalt dieses Gebiets.

Otto Oeder war Grenzbeamter. Am Eisernen Vorhang. Am Todesstreifen. Von 1967 bis zur Wende 1989: „Ich habe so manchen DDR-Flüchtling in Franken empfangen", sagt der über 70-Jährige an einer kleinen Furt mitten im Grünen Band bei Bad Steben. Und er hat so manchen Schuss gehört … 872 Todesopfer sind offiziell an der Grenze zur DDR verzeichnet. Die Dunkelziffer dürfte weit höher liegen. Oeders Buch „Grenzgänger: Auf Streife am Eisernen Vorhang" ist ein Zeitdokument. Und wenn man von einer Fahrradtour durchs Grüne Band zurück kommt, ist man gierig danach, zu lesen, wie es damals war …

Beim Radeln mit dem E-Bike, das sich vor allem an so mancher Steigung bezahlt macht, ist der politische Aspekt ein zwar unsichtbarer, aber im Kopf stets präsenter Hintergrund. Wie eine hellgrüne Schlange aus Mischwiesen und Laubwald zieht sich das Grüne Band durchs Land, rechts und links eingerahmt von dunklen Fichtenwäldern, bestens sichtbar von Bergkuppen. Der Verlauf ist identisch mit dem Todesstreifen und seinen Stacheldrahtzäunen, die auf 1393 km für Schrecken sorgten. Diese Zeit ist glücklicherweise vorbei, und man darf dieses natürlich entstandene Biotop nicht nur aus der Ferne bewundern, sondern darin auch wandern oder mit dem Fahrrad befahren. Besonders lärmempfindliche Tiere, wie etwa den Schwarzstorch, bekommt man zwar nur selten zu sehen, aber wer keine Rehe sieht, der hatte einfach mal nur ein bisschen Pech …

Grünes Band Deutschland

Weitere Informationen

Miete für ein E-Bike zum Tagespreis von rund 20 Euro bei Movelo (www.movelo.com) Ein Tourenführer mit drei Fahrradrouten und zwölf Wanderungen sowie eine Erlebniskarte „Grünes Band" ist beim Frankenwald-Tourismus erhältlich (Adolf-Kolping-Straße 1, 96317 Kronach, Tel. 09261 60 15 17, www.franken wald-tourismus.de).

Aus dem ehemaligen Eisernen Vorhang mit seinen Todesstreifen ist das Grüne Band geworden, ein Rückzugsort seltener Pflanzen und Tiere – und heute für den Menschen wieder zugänglich.

Ausflugsziel Burg Wertheim (o.l.), der Bamberger Bischof ist nah: Forchheim (o.r.), Nürnberger Heilig-Geist-Spital an der Pegnitz (unten)

Service

Keine Reise ohne Planung. Auf den folgenden Seiten haben wir für Sie Wissenswertes und wichtige Informationen für Ihren Urlaub in Franken zusammengefasst.

Anreise

Mit dem Auto: Franken liegt verkehrsgünstig und hat Anschluss an mehrere Autobahnen. Die A 3 führt von Frankfurt nach Aschaffenburg, Würzburg und Nürnberg sowie weiter nach Passau. Die A 6 verbindet Mannheim mit Ansbach und Nürnberg bis Amberg. Auf der A 7 kommt man von Hamburg über Würzburg, Rothenburg und Dinkelsbühl bis Ulm, auf der A 9 von Berlin über Hof, Bayreuth und Nürnberg nach München. Die A 70 verbindet Schweinfurt, Bamberg und Bayreuth innerfränkisch, die A 73 Nürnberg mit Bamberg und Coburg (mit weiterem Streckenverlauf bis Suhl). Die A 71 führt von Schweinfurt über Bad Kissingen nach Erfurt und die A 81 von Würzburg über Tauberbischofsheim und Heilbronn nach Stuttgart.

Mit dem Bus: Das Fernbuslin_iennetz in Deutschland ist in den letzten Jahren enorm gewachsen, und so ist praktisch jede fränkische Stadt durch einen Fernbusanbieter angebunden. Von den größeren Städten sind per Regionalbus auch kleinere Gemeinden erreichbar, manchmal allerdings mit erheblichem Zeitaufwand. Nützlich für die Fernstrecken ist der Fernbus-Vergleich www.buslinie_nsuche.de, wo alle Fernbusse nach Streckenangebot, Preis und Komfort verglichen werden können.

Mit der Bahn: Auch auf der Schiene bestehen sehr gute Verbindungen nach Franken, ob nun mit ICE, IC, EC oder IR. Wichtige Eisenbahnknotenpunkte sind Würzburg und Nürnberg. Alle Informationen über Strecken, Abfahrts- und Fahrzeiten unter www.bahn.de.

Mit dem Flugzeug: Es gibt nur zwei Verkehrsflughäfen in Franken. Relevant ist der Airport Nürnberg mit einigen internationalen Verbindungen und innerdeutschen nach Frankfurt/Main, Berlin, Hamburg und Düsseldorf (www.airport-nuernberg.de). Der Regionalflughafen Hof bietet nur unregelmäßig Flüge und kommt auf nicht einmal 10 000 Fluggäste pro Jahr (www.airport-hof.de).

Auskunft

Übergeordnet, gibt der Tourismusverband Frankentourismus nur mäßig brauchbare Informationen heraus: Postfach 44 04 53, 90209 Nürnberg, Tel. 0911 94 15 10, www.frankentourismus.de. Ratsamer ist es, sich an eines der regionalen Fremdenverkehrsämter zu wenden:
Informationszentrum Naturpark **Altmühltal**
Notre Dame 1, 85072 Eichstätt
Tel. 08421 98 76 0
www.naturpark-altmuehltal.de
Mainland Miltenberg – **Churfranken**
Hauptstraße 57, 63897 Miltenberg
Tel. 09371 660 69 75, www.churfranken.de
Coburger Land Tourist-Information
Herrngasse 4, 96450 Coburg
Tel. 09561 89 80 00 oder
Landratsamt Lichtenfels, Kronacher Straße 28
96215 Lichtenfels, Tel. 09571 18 28
http://www.oberesmaintal-coburgerland.com
Tourismuszentrale **Fichtelgebirge**
Gablonzer Straße 11, 95686 Fichtelberg
Tel. 09272 96 90 30, www.tz-fichtelgebirge.de
Tourismusverband **Fränkische Schweiz**
Oberes Tor 1, 91320 Ebermannstadt
Tel. 0919186 10 54
www.fraenkische-schweiz.com
Tourismusverband **Fränkisches Seenland**
Postfach 1365, 91703 Gunzenhausen
Tel. 09831 50 01 20
www.fraenkisches-seenland.de

Fränkisches Weinland Tourismus
Turmgasse 11, 97070 Würzburg
Tel. 0931 37 23 35
www.fraenkisches-weinland.de
Frankenwald Tourismus Service Center
Adolf-Kolping-Straße 1, 96317 Kronach
Tel. 09261 60 15 17
www.frankenwald-tourismus.de
Tourismusverband Naturpark **Haßberge**
Marktplatz 1, 97461 Hofheim in Unterfranken
Tel. 09523 5 03 37 10
www.hassberge-tourismus.de
Tourist Information **Städteregion Nürnberg**
Tourist Information Fürth
Bahnhofplatz 2 90762 Fürth
Tel. 0911 979 46 70
www.staedteregion-nuernberg.de
Nürnberger Land Tourismus
Waldluststraße 1, 91207 Lauf an der Pegnitz
Tel. 09123 950 60 62
http://urlaub.nuernberger-land.de
Touristinformation **Rennsteigregion**
Lauensteiner Straße 44, 96337 Ludwigstadt
Tel. 09263 97 45 41
www.rennsteigregion-im-frankenwald.de
Tourismus GmbH **Bayerische Rhön**
Spörleinstraße 11
97616 Bad Neustadt an der Saale
Tel. 09771 9 46 70, www.rhoen.de
Tourismusverband **Romantisches Franken**
(um Rothenburg), Am Kirchberg 4
91598 Colmberg, Tel. 09803 9 41 41
www.romantisches-franken.de

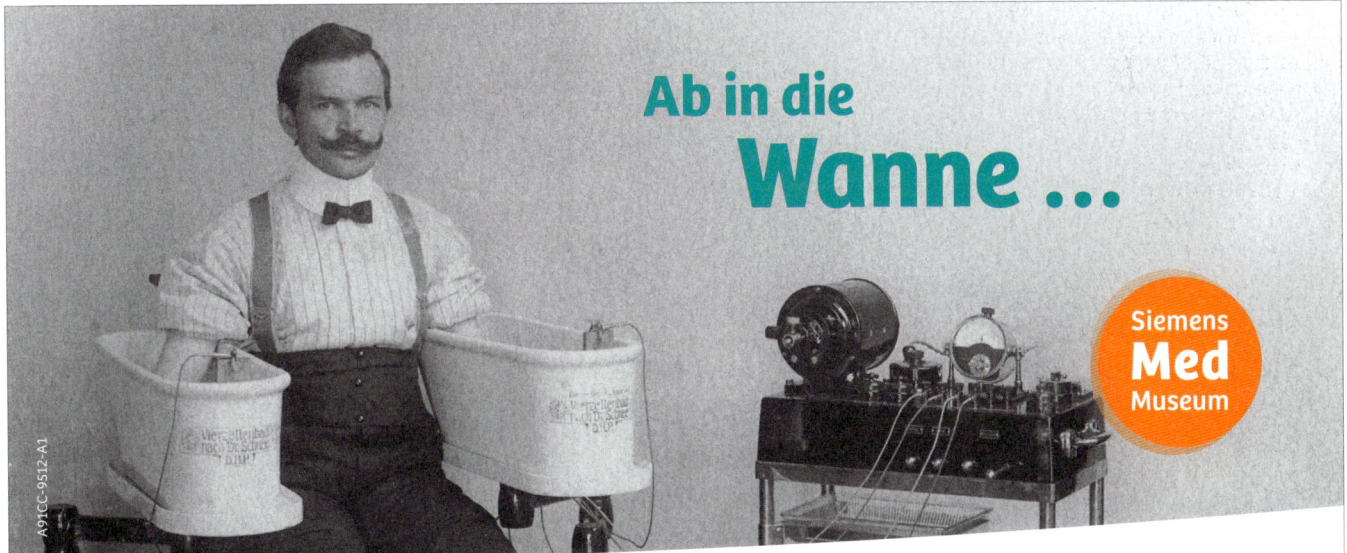

Herzhaft vespern in Franken, mit dunklem Bier und Sülze vom Rind

Essen und Trinken

Restaurants: Eine kleine Auswahl an Restaurants wird auf den jeweiligen Infoseiten genannt. Die Preiskategorien beziehen sich auf ein typisches Hauptgericht.

Preiskategorien

€ € € €	Hauptspeisen	über 20	€
€ € €	Hauptspeisen	15 – 20	€
€ €	Hauptspeisen	10 – 15	€
€	Hauptspeisen	bis 10	€

Fränkische Küche: „Kinder wern groß mit Kloß mit Soß", so sagt man gerne in Franken. Und es zeigt bereits, wohin die Reise geht: Deftiges steht im Mittelpunkt. Zu den bekanntesten Spezialitäten zählen die regional sehr unterschiedlichen **Bratwürste**: da wären die kleinen Nürnberger, die größeren Kulmbacher, Hofer und Coburger, die bis zu 18 Zentimeter langen Ansbacher und die Meterbratwurst aus Sulzfeld. Auch Blaue Zipfel sind Bratwürste, die in einen Sud aus Zwiebeln, Essig und Lorbeer eingelegt wurden. Das **Schäufele**, ein knusprig gebratenes Schulterstück vom Schwein, serviert mit rohen Klößen, ist das Fast-Nationalgericht der Franken. Ebenfalls hoch in der Gunst angesiedelt: Knöchla mit Kraut, gepökeltes Eisbein, das in Sauerkraut und Kümmel ge-

gart wird, und frische Schlachtplatte mit Blut- und Leberwürsten, die in der Gunst der Franken nur noch vom „Hochzeitsessen" getoppt wird: erst Rinderbrühe mit Pfannkuchenstreifen, Backerbsen ähnliche Schwimmerle und Leberklößchen und dann Tafelspitz mit Meer-

rettichsauce, breiten Nudeln und Preiselbeeren. Überhaupt ist Kren, wie die Franken den Meerrettich nennen, aus der fränkischen Küche nicht wegzudenken, weder im Gourmetrestaurant noch bei Mutter am Herd.

Klöße sind die wichtigste Beilage zu allen Braten und werden in vielen Varianten aus Kartoffeln hergestellt: als rohe, gekochte oder halbseidene (halb und halb) – und wären ohne einen Bauern namens Hans Rogler aus Rehau im Landkreis Hof überhaupt nicht denkbar. Denn er war es, der 1647 als erster in Deutschland die **Kartoffel** anbaute. Die Knolle spielt deshalb in Franken eine wichtige Rolle, oft sogar als Hauptgericht. Die Bamberger Hörnla sind eine überaus wohl schmeckende, länglichschmale Kartoffelsorte, die nur dort angebaut und verkauft wird.

Zwischen April und dem 24. Juni gibt es keine Speisekarte ohne **Spargel**, meist mit Kartoffeln, Kochschinken und Buttersauce.

Eine besondere Rolle auf Frankens Speisekarten spielt auch der **Karpfen**. Einer aus dem

Daten & Fakten

Allgemein: Franken hat eine Größe von rund 30 000 km² und nimmt damit knapp die Hälfte des Bundeslands Bayern ein, zu dem es gehört. Es gibt drei Regierungsbezirke: Oberfranken mit der Hauptstadt Bayreuth und einer Gesamtbevölkerung von 1,1 Mio., Mittelfranken mit der Hauptstadt Ansbach und 1,7 Mio. und Unterfranken mit der Hauptstadt Würzburg und 1,3 Mio.

In Franken sind vier Weltkulturerbestätten zu finden: seit 1981 die Würzburger Residenz, seit 1993 die Altstadt von Bamberg, seit 2005 der Limes und seit 2012 das Markgräfliche Opernhaus in Bayreuth.

Geografie: Franken liegt zwischen der Donau, den Bundesländern Baden-Württemberg, Hessen und Thüringen und dem Nachbarland Tschechische Republik. Die niedrigste Stelle ist mit 100 m der Wasserspiegel des Mains in Kahl am Main in Unterfranken. Der höchste Punkt liegt im Fichtelgebirge: der Schneeberggipfel mit 1051 m. Es gibt neun Naturparks: Altmühltal, Bayerische Rhön, Fichtelgebirge, Frankenhöhe, Frankenwald, Fränkische Schweiz-Veldensteiner Forst, Haßberge, Spessart und Steigerwald.

Bevölkerung: Die Einwohnerzahl liegt bei gut vier Mio., was etwa einem Drittel der bayerischen Bevölkerung entspricht. Die vier größten Städte Frankens sind Nürnberg mit 500 000 Einw., Würzburg mit 130 000, Fürth mit 120 000 und Erlangen mit 105 000 Einw. Der Anteil an Katholiken und Protestanten an der Bevölkerung Frankens ist etwa gleich groß, die Verteilung ist jedoch von Region zu Region unterschiedlich. So sind weite Teile Mittel- und Oberfrankens evangelisch geprägt und Unterfranken stark katholisch.

Wirtschaft: In vorindustrieller Zeit waren Bergbau, Handwerk und Landwirtschaft dominierend. Das Fichtelgebirge und der Frankenwald waren wichtige Zentren des Bergbaus. Gold, Eisenerz, Kupfer und Zinn wurden gefördert. Und seit dem 14. Jh. wird in Nürnberg Spielzeug hergestellt. Die Industrialisierung begann in Franken nach Einweihung der ersten deutschen Eisenbahnlinie Nürnberg–Fürth 1835. In Nürnberg wurden schon im 19. Jh. Dampfmaschinen, Lokomotiven und Elektromotoren hergestellt. Weitere Industriestandorte waren Hof, Bayreuth, Wunsiedel, Arzberg und Selb, wo sich die Textil- und Porzellanindustrie ansiedelte.

Nach dem Zweiten Weltkrieg hatten die östlichen Teile Frankens mit dem Eisernen Vorhang und den Folgen zu kämpfen. Die Zonenrandförderung half nicht grundlegend. Seit der Wende muss die Region immer wieder Übernahmen, Insolvenzen, Werkschließungen und die Verlagerung von Arbeitsplätzen an andere Standorte hinnehmen. SKF, Grundig, AEG oder Quelle sind bekannte Beispiele. Überdurchschnittliche Arbeitslosenzahlen sind die Folge. Dennoch steht Gesamtfranken wirtschaftlich gesehen solide im bundesdeutschen Mittelfeld, auch Dank erfolgreich operierender Großunternehmen wie MAN, Schaeffler, Adidas und Puma, die im Großraum Nürnberg sowie in Schweinfurt ihren Sitz haben. Wichtig ist zudem der Mittelstand mit Betrieben wie Faber-Castell und Staedtler.

Im Tourismus werden in Franken jährlich knapp zehn Milliarden Euro umgesetzt. Knapp 200 000 Menschen bestreiten vom Fremdenverkehr ihren Lebensunterhalt.

Geschichte

800–300 v. Chr. Keltische Stämme erreichen das nördliche heutige Franken.
ab 100 v. Chr. Die Expansion Roms und der Vorstoß germanischer Stämme leitet den Niedergang der keltischen Kultur ein.
bis 200 Der Limes wird angelegt.
200–500 Alemannen besetzten große Gebiete; Völkerwanderung
600–1000 Frankenherrschaft und Christianisierung
1007 Heinrich II. gründet Bistum Bamberg
1190 Franken avanciert zum Mittelpunkt der Herrschaft im Heiligen Römischen Reich; Nürnberg wird 1219 Reichsstadt; seine Burg (Foto) gehört zu den bedeutendsten Kaiserpfalzen des Mittelalters.
nach 1508 Das Heilige Römische Reich wird in Reichskreise eingeteilt. Der Fränkische Reichskreis prägt die Eingrenzung des heutigen Frankens.
1521/1525 Reformation/Bauernkrieg. Besonders hart betroffen ist das Würzburger Gebiet, wo zahlreiche Burgen und Klöster niedergebrannt werden.
1552 Markgraf Albrecht Alcibiades will die Vormachtstellung der Reichsstadt Nürnberg brechen. Verwüstungen großer Gebiete.
1608 Im Zuge der Gegenreformation werden einige Gebiete Frankens rekatholisiert; Hexenverfolgungen.
1618–1648 Dreißigjähriger Krieg. Schwedische Truppen rücken 1631 bis nach Franken vor. Große Bevölkerungsverluste. In den protestantischen Gebieten werden 150 000 vertriebene Protestanten angesiedelt.

1700 Der Fränkische Reichskreis besitzt bis zum Ende des Reiches 1806 die Ordnungsfunktion in der Region.
1792 Die Markgrafentümer Ansbach und Bayreuth fallen an die brandenburgischen Hohenzollern, also an Preußen. Bevollmächtigter der Gebiete wird Karl August Freiherr von Hardenberg.
1803 Bayern erhält auf Druck Napoleon Bonapartes große Teile Frankens. Es beginnt die Anbindung Bayerns, Württembergs, Badens und anderer Gebiete an Frankreich.
1806 Das Heilige Römische Reich zerfällt. Bayern wird Königreich von Napoleons Gnaden und bekommt weitere Gebiete zugesprochen, darunter die Reichsstadt Nürnberg, Ansbach und Bayreuth.
1814/1815 Auf dem Wiener Kongress fallen auch Aschaffenburg und Würzburg ans Königreich Bayern.
1835 Die erste Lokomotive auf deutschem Boden verkehrt von Nürnberg nach Fürth.
1836 Zwischen Bamberg und Kelheim wird der Ludwig-Donau-Main-Kanal geplant.
1838 Die Regierungsbezirke Ober-, Mittel- und Unterfranken werden eingerichtet. In den fränkischen Gebieten herrschen Ressentiments gegen die Zugehörigkeit zu Bayern.
1848 Liberale Forderungen nach republikanischen Strukturen gipfeln in Revolten.
1866 Bayern verliert als Verbündeter Österreichs den Deutschen Krieg gegen Preußen. Die geschwächte Macht Bayerns mildert den Gegensatz zwischen Franken und Bayern.
1918 Mit dem Ende des Ersten Weltkriegs

endet auch die Monarchie in Bayern. Der Freistaat Bayern wird ausgerufen.
1927 Der erste Reichsparteitag der Nationalsozialisten um Adolf Hitler findet in Nürnberg statt.
1934 In Gunzenhausen kommt es zum ersten Juden-Pogrom in Bayern.
1935 In Nürnberg werden die Rassengesetze beschlossen: die antisemitische Ideologie der Nazis bekommt eine juristische Grundlage.
1939–1945 Zweiter Weltkrieg. Franken ist stark von alliierten Luftangriffen betroffen, besonders Nürnberg als Industriestandort und Verkehrsknotenpunkt und Würzburg. Nach der Kapitulation wird Franken der Amerikanischen Besatzungszone zugeteilt. „Nürnberger Prozesse": Erstmals werden die Vertreter eines zum Zeitpunkt ihrer Taten souveränen Staates für ihr Handeln zur Rechenschaft gezogen. Die Prozesse dauern bis 1949 an.
1946 Der Freistaat Bayern wird gegründet – mit den Regierungsbezirken Ober-, Mittel- und Unterfranken.
1949 Gründung der Deutschen Demokratischen Republik. Franken wird Grenzland.
1981 Die Residenz in Würzburg wird erstes UNESCO-Weltkulturerbe in Franken.
1992 Der Main-Donau-Kanal wird nach 30-jähriger Bauzeit eröffnet.
2015 Nach umfangreicher Renovierung wird das ehemalige Richard-Wagner-Wohnhaus Wahnfried als Museum in Bayreuth wiedereröffnet.
2016 Terroranschläge in Würzburg und Ansbach erschüttern Franken

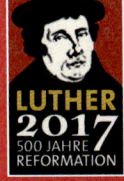

Schöne Touren

Trotz guter Bahn- und Busverbindungen, Franken ist ein wunderbares Gebiet für Auto- und Motorradtouren. Auf der Fahrt über die Frankenwald-Hochstraße erlebt man die herbe landschaftliche Schönheit des Feriengebietes. Vergleichbares gilt im benachbarten Fichtelgebirge für die Panoramastraße sowie im Westen für die Steigerwald-Höhenstraße, die sich auf 70 km durch die Landschaft schlängelt. Ein Tipp für Motorradfahrer: Im Coburger Land durchs Kleinziegenfelder Tal fahren, wo sich die Landstraße durch das enge Tal des Weismains windet. Die rund 50 km lange Spessart-Höhenstraße führt ein wenig über die Grenze ins Hessische. Und zwischen bizarren Felsformationen verlaufen die Strecken im Altmühltal und in der Fränkischen Schweiz. Dort besonders fürs Motorrad geeignet: die ehem. Rennstrecke am Würgauer Berg.

Wunderschön sind aber auch Touren im eher flachen Fränkischen Weinland, durch verwunschen-gemütliche Winzerdörfchen, sei es nun in der Gegend um Würzburg oder im Rotweingebiet um Miltenberg. Eine facettenreiche Reise steht zudem im Romantischen Franken auf dem Programm, wo mittelalterliche Städte wie Rothenburg und Dinkelsbühl liegen.

Ein letzter Tipp nur für Biker ist der Enduro-Park in Hechlingen, südlich des Fränkischen Seenlandes, wo man Trainings für Einsteiger, Fortgeschrittene oder Profis machen kann.

Aischgrund im südlichen Steigerwald, der Länge nach halbiert, gebacken oder blau, ist ein Gedicht – jedoch nur von Sept. bis April. Sonst gilt die Schonzeit.

Getränke: Zu den Speisen passt ein kräftiges Bier aus Ober- oder ein feiner Wein aus Unterfranken. Gekrönt von einem Aromawunder aus Kirschen, Zwetschgen oder Birnen aus einer der zahllosen fränkischen Brennereien.

Süßes: Unter den süßen Köstlichkeiten müssen natürlich zuerst die Nürnberger Lebkuchen erwähnt werden, aber auch Hutzel- oder Früchtebrot, handgemachte Lauensteiner Pralinen aus dem Kronacher Land, Bernecker Pfeffernüsse aus dem Fichtelgebirge oder Rothenburger Schneebälle. Nicht zu vergessen die Kuchen vom Blech: Apfel-, Zwetschgen- oder Käseplotz aus Unterfranken.

Die **Essenszeiten** sind die üblichen – allerdings wird in Franken recht früh zu Abend gegessen. In so manchem Dorf wird es nach 20.00 Uhr schon schwierig, noch eine warme Mahlzeit zu bekommen.

Feiertage und Feste

Religiöse und politische Feiertage sind: Neujahr, Heilige Drei Könige am 6. Jan., die Ostertage, der 1. Mai als Tag der Arbeit, Christi Himmelfahrt, Pfingsten, Fronleichnam, Maria Himmelfahrt am 15. Aug., der Tag der Deutschen Einheit am 3. Okt., Allerheiligen am 1. Nov. sowie die Weihnachtsfeiertage 25. und 26. nebst Heiligabend am 24. Dez.

Der **Tag der Franken** ist der 2. Juli, weil an diesem Tag im Jahr 1500 das Alte Reich in Reichskreise gegliedert wurde, und so der spätere Fränkische Reichskreis entstand. Das Landesfest richtet rotierend und jedes Jahr unter anderem Motto eine der fränkischen Städte aus. Seit der Einführung des Tages der Franken waren dies Nürnberg, Bamberg, Miltenberg, Bad Windsheim, Kulmbach, Bad Kissingen, Schwabach, Ochsenfurt, Erlangen und Hof.

Der **Nürnberger Christkindlesmarkt** ist einer der bekanntesten und beliebtesten Weihnachtsmärkte überhaupt und mit knapp 2,5 Mio. Besuchern aus aller Welt auch einer der größten Weihnachtsmärkte der Erde. Viele andere fränkische Städte und Gemeinden bauen ebenfalls jedes Jahr Weihnachtsmärkte auf. Auch Volksfeste und Kirchweihen (Kärwa) sind in Franken weit verbreitet. So findet seit 1826 das **Nürnberger Volksfest** statt, zweimal jährlich im Herbst und im Frühling. Es ist mit knapp zwei Mio. Besuchern das größte in Franken. Seit 900 Jahren gibt es die **Michaeliskirchweih** in **Fürth**, eines der ältesten Volksfeste Frankens und mit mehr als einer Mio. Besucher. Fast ebenso viele strömen zur **Bergkirchweih** in **Erlangen**, die ihre Anfänge 1755 hat, und auf das **Kiliani-Volksfest** in **Würzburg**.

Weitere wichtige und interessante Feste und Bräuche sind auf den Infoseiten der einzelnen Kapitel beschrieben.

Literatur

Jan Beinßens **Sieben Zentimeter** ist ein gelungener Krimi um den Tod eines Nürnberger Bratwurstkönigs. Dürers Mätresse und Lebkuchen mit Bittermantel sowie zuletzt Die Schäufele-Verschwörung sind weitere Bücher mit Nürnberg-Bezug von Beinßen.

E. T. A. Hoffmanns Roman **Die Elixiere des Teufels** handelt vor der Kulisse Bambergs von einem Ordensbruder. Das Erscheinen des Romans 1816 ließ die Wellen hoch schlagen.

Der Vollmond über Nämberch bündelt die besten Gedichte des Nürnberger Mundartdichters Fitzgerald Kusz. **Schweig Bub** ist ein Theaterstück der humorvoll-satirische Art und inzwischen ein Klassiker.

Otto Oeders **Grenzgänger: Auf Streife am Eisernen Vorhang** dokumentiert die Erlebnisse eines Grenzbeamten am Todesstreifen zur DDR.

Jean Pauls letzter Roman **Der Komet oder Nikolaus Markgraf** erschien 1822 und erzählt die Geschichte eines wunderlichen Markgrafen mit Bayreuther Hintergrund – ursprünglich sollte er Tausendundeine Narrheit heißen.

Notrufnummern

Polizei 110, Feuerwehr 112, Notarzt 112, Sperr-Notruf, zentral für Kredit- und EC-Karten oder elektronische Zugangsberechtigungen 116116.

Leben auf dem Lande: Festpaare tanzen bei der Kirchweih in Limmersdorf

Reisezeit

Franken ist eine Region, die man das ganze Jahr über bereisen kann, weil sie auch bei schlechtem Wetter einiges zu bieten hat. Im Allgemeinen ist die Zeit zwischen Ende April und Anfang Okt. wettermäßig recht sicher. Zwischen Mai und Sept. geht man weniger Schlechtwetterrisiken ein. Die Temperaturunterschiede zwischen Sommer und Winter sind enorm: 30 °C im Juli sind nicht selten, -10 °C im Januar aber auch nicht. Mittelwerte liegen im Winter um 0 °C, im Frühjahr/Herbst um 10 bis 15 °C sowie im Sommer zwischen 20 bis 25 °C.

Sport

Auf den Info-Seiten der einzelnen Kapitel sind einige sportliche Aktivitäten aufgeführt, und jedes Kapitel endet mit der Rubrik Aktiv mit einem Tipp zum Sport. Besonders für Wanderer und Fahrradfahrer wird in Franken sehr viel getan. Angebote sind auf www.frankentourismus.de/erleben zu finden.

Unterkunft

Hotels und Gasthöfe: Eine **kleine Auswahl** ist auf den jeweiligen Infoseiten dieses Bild-

Preiskategorien

€ € € €	Doppelzimmer	über 200 €
€ € €	Doppelzimmer	150 – 200 €
€ €	Doppelzimmer	100 – 150 €
€	Doppelzimmer	50 – 100 €

atlas zu finden. Die Preiskategorien beziehen sich auf ein Doppelzimmer mit Frühstück.

Jugendherbergen: In Franken stehen Reisenden 21 Jugendherbergen zur Wahl, darunter auch Unterkünfte in Burgen wie etwa in Nürnberg oder historischen Gemäuern wie in Dinkelsbühl. Jugendherbergen gibt es in Bad Kissingen, Bamberg, Bayreuth, Burg Rothenfels (zwischen Wertheim und Lohr am Main), Burg Wernfels (nördl. des Fränkischen Seenlands), Dinkelsbühl, Feuchtwangen, Forchheim, Gunzenhausen am Altmühlsee, Hartenstein (nordöstl. Nürnberg), Hof, Königsberg in Bayern, Lohr am Main, Nürnberg, Pottenstein, Rothenburg ob der Tauber, Schweinfurt, Wirsberg (bei Kulmbach), Wunsiedel (bei Marktredwitz) und Würzburg. Informationen und Buchungsmöglichkeit sind im Internet unter http://bayern.jugendherberge.de zu finden.

Urlaub mit Kindern: Bayern sind Kinder als Gäste wichtig. Deshalb hat sich Bayern Touris-

mus den Begriff Kinderland schützen lassen. Wo immer der Gast das rote Kinderland-Zeichen sieht, weiß er, dass der Anbieter auf mindestens 50 Qualitätskriterien hin von unabhängigen Prüfern getestet wurde, um Kinder als Gäste zufriedenzustellen. Das gilt für einen Bauernhof, die Ferienwohnung, Hotels oder Campingplätze ebenso wie für Freizeitparks, Museen oder Spaßbäder (www.bayern.by/familienurlaub-in-bayern-kinderland).

Urlaub auf dem Bauernhof: Das bedeutet schon mal echte, frische Kuhmilch – mit gewöhnungsbedürftigem Geschmack! – statt Tetrapackmilch zum Frühstück wie im Hotel ... Heutzutage weisen die meisten Fremdenzimmer in einem Bauernhof einen modernen Standard auf. Und so müssen Gäste bei meist vielen Tieren, manchmal Stallgeruch und dem Leben inmitten schöner Natur nicht mehr auf TV und Bad im Zimmer verzichten. Eine Übersicht aller (gemeldeten) Anbieter von Urlaub auf dem Bauernhof, integriert in eine interaktive Karte, findet sich unter www.bauernhof-urlaub.com/bayerns-regionen/franken.

Urlaub für Menschen mit Behinderung: Mittlerweile sind viele öffentliche, aber auch private Einrichtungen auf die Belange von Gästen mit Handicap eingestellt. Eine Übersicht der Angebote der fränkischen Urlaubsgebiete mit barrierefreiem Reisen findet sich unter www.frankentouris mus.de/barrierefrei.

Die markgräfliche Residenz beherrscht die Szenerie in Ansbach. Die Stadt ist auch durch Kaspar Hauser bekannt

Register

Impressum

2. Auflage 2017
© DuMont Reiseverlag, Ostfildern

Verlag: DuMont Reiseverlag, Postfach 3151, 73751 Ostfildern, Tel. 0711/4502-0, Fax 0711/4502-135, www.dumontreise.de
Geschäftsführer: Dr. Thomas Brinkmann, Dr. Stephanie Mair-Huydts
Programmleitung: Birgit Borowski
Redaktion: Dina Stahn
Text: Jochen Müssig, München
Exklusiv-Fotografie: Georg Knoll, Rodenbach
Titelbild: Ferien im Wasserschloss Unsleben (Christian Kerber/laif)
Zusätzliches Bildmaterial: DuMont Bildarchiv/Maeritz, Kai S. 90o.l.; DuMont Bildarchiv/Scheibner, Johannes S. 36o.r.; DuMont Bildarchiv/Teschner, Ulrich S. 75; Frischmuth, Peter/argus S. 20; Kirchgessner, Markus S. 47o.r., 90u., 122, 126; laif/Lengler, Gregor S. 118; Le Figaro Magazine/laif/Daniels, William S. 101o.; Lookphotos/Ehn, Wolfgang S. 8/9; Lookphotos/Leue, Holger S. 64; Martin Kirchner/laif S. 46l.; Müssig, Jochen S. 21, 86l., 87u.; Weingut Alte Grafschaft S. 20l., 21o.r.; Weingut Fürst S. 20r.; Weingut Sauer S. 21o.l.; Wollin, Stefan/Werbeagentur e-studio S. 87o.l., 87o.r.
Grafische Konzeption, Art Direktion: fpm factor product münchen
Layout: CYCLUS · Visuelle Kommunikation, Stuttgart
Cover Gestaltung: Neue Gestaltung, Berlin
Kartografie: © MAIRDUMONT GmbH & Co. KG, Ostfildern
Kartografie Lawall (Karten für „Unsere Favoriten")
DuMont Bildarchiv: Marco-Polo-Straße 1, 73760 Ostfildern, Tel. 0711/4502-266, Fax 0711/4502-1006, bildarchiv@mairdumont.com

Für die Richtigkeit der in diesem DuMont Bildatlas angegebenen Daten – Adressen, Öffnungszeiten, Telefonnummern usw. – kann der Verlag keine Garantie übernehmen. Nachdruck, auch auszugsweise, nur mit vorheriger Genehmigung des Verlages. Erscheinungsweise: monatlich.

Anzeigenvermarktung: MAIRDUMONT MEDIA, Tel. 0711 450 20, Fax 0711 45 02 10 12, media@mairdumont.com, http://media.mairdumont.com
Vertrieb Zeitschriftenhandel: PARTNER Medienservices GmbH, Postfach 810420, 70521 Stuttgart, Tel. 0711 72 52-212, Fax 0711 72 52-320
Vertrieb Abonnement: Leserservice DuMont Bildatlas, Zenit Pressevertrieb GmbH, Postfach 810640, 70523 Stuttgart, Tel. 0711 7252-265, Fax 0711 7252-333, dumontreise@zenit-presse.de
Vertrieb Buchhandel und Einzelhefte: MAIRDUMONT GmbH & Co. KG, Marco-Polo-Straße 1, 73760 Ostfildern, Tel. 0711 45 02 0, Fax 0711 45 02 340
Reproduktionen: PPP Pre Print Partner GmbH & Co. KG, Köln
Druck und buchbinderische Verarbeitung: NEEF + STUMME premium printing GmbH & Co. KG, Wittingen, Printed in Germany

FSC
www.fsc.org
MIX
Papier aus verantwortungsvollen Quellen
FSC® C001857

Teeplantagen in Sri Lankas Hochland, so weit das Auge reicht. Die britische Kolonialmacht führte die Nutzpflanze um 1870 ein.

Eine von Berlins Vorzeige-ansichten, der Blick auf Bode-Museum und Fernsehturm im Hintergrund.

Berlin

Große Kunst
Erwartet Sie in den Berliner Museen, nicht nur in jenen fünf, die auf der Museumsinsel liegen und von der UNESCO zum Welterbe gekürt wurden.

Die Hauptstadt anders erleben
Wie wäre es mit einer Rikscha-Tour durch das historische Berlin, mit einer Rundfahrt im Trabi oder mit einer Führung durch die Unterwelt?

Das hippe Berlin
Prenzlauer Berg, Kreuzberg, Friedrichshain und Neukölln, hier trifft sich heute die Szene! Wir verraten Ihnen, welche Clubs und Bars gerade angesagt sind.

Sri Lanka

Tropisches Märchenland
Für eine Reise nach Sri Lanka gibt es gute Gründe: eine traumhafte Landschaft, üppig grüne Vegetation, herrliche Strände und einzigartige Kunstwerke – lassen Sie sich mit hervorragenden Bildern einstimmen auf ein ganz besonderes Land.

Das Wissen vom Leben
Ayurveda ist eine 3000 Jahre alte ganzheitliche Heilmethode. Wir stellen Ihnen die wichtigsten Komponenten der Behandlung vor und liefern Ihnen Pro- und Kontra-Argumente für Ayurveda-Kuren.

Der lange Weg zum Frieden
Hintergründe und Fakten zum Bürgerkrieg, der das Land bis 2009 in Atem hielt.

www.dumontreise.de

Lieferbare Ausgaben